Ideen zu einer formalen Ontologie

Wätzold Plaum

Herstellung und Verlag: BoD – Books on Demand, Norderstedt

ISBN: 9783757801410

Über den Autor:
Wätzold Plaum studierte Physik und promovierte 2009 in Mathematik an der Universität Regensburg. Er arbeitet im Bereich und Software- und Fahrzeug-Entwicklung. 2012 erschien sein Buch „die Wiki-Revolution" zum Thema Digitalisierung und Politik. Seit 2013 betreibt er den YouTube-Kanal „Wätzolds Welt". 2019 promovierte er im Fach Philosophie zu einem eigenen geschichtsphilosophischen Modellentwurf. Wätzold Plaum betätigt sich auch als Musiker.

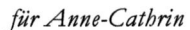

für Anne-Cathrin

INHALT

DANKSAGUNG

Mein Dank gilt Mathis
und den Beitragenden
zur ersten Auflage

1 Vorwort zur zweiten Auflage

Diese Ausgabe ist die Neuauflage eines Textes, der 2001 im Eigenverlag gedruckt wurde. Da die elektronische Version dieses Textes verloren gegangen war musste der Text basierend auf der Druckversion neu digitalisiert werden. Dabei sind Fehler nicht auszuschließen. Davon abgesehen wurde die Orthographie aktualisiert. Der Text blieb ansonsten inhaltlich unverändert.

Der Text entstand noch während meines Studiums. In den zwei Jahrzehnten seit jenen Jahren blieb das Denken des Autors nicht stehen. Eine ausführlichere Darlegung des hier in Kurzform niedergelegten Fundamentes einer systematischen Philosophie steht noch aus.

Gifhorn, Dezember 2022

Vorwort

Bei diesem Text handelt es sich um die erste Formulierung eines Teilbereiches meines selbständigen philosophischen Denkens. Da ich es als schwer genug erachte, dieses Denken aus seinen intuitiven und anschaulichen Eingebundenheiten zu befreien und in eine klare sprachliche Form zu bringen, habe ich weitgehend darauf verzichtet, zusätzliche Literatur zu verwenden. Aus diesem Grunde wird an den wenigen Stellen, an denen ich mich auf Literatur beziehe, lediglich in den Fußnoten darauf hingewiesen, und ein Literaturverzeichnis am Schluss des Textes fehlt. Zur Erleichterung des Verständnisses findet sich am Ende der Arbeit dafür ein Glossar wichtiger Begriffe, die im Text verwendet werden.

Wenngleich das meiste aus eigenem Gedankenschweiß gegoren ist, so bin ich dennoch zu vielfachem Dank verpflichtet: Zunächst wäre Herr Priv.-Doz. Dr. Sigmund Bonk zu nennen, dessen großzügiges Entgegenkommen mich dazu veranlasst hat, in dem von ihm veranstalteten Seminar „Monadisches Denken in Geschichte und Gegenwart", das im Wintersemester 2000/2001 an der Universität Regensburg stattfand, ein Referat über meine Gedankenentwürfe zu halten. Der Inhalt des Referates umfasste in groben Zügen die hier dargestellten Gedanken des Teiles A „Das System der Kategorien". Die Seminararbeit zu diesem Referat lieferte den Grundstock dieser Darstellung. Darüber hinaus war Herr Dr. Bonk so freundlich, auch die fertige Fassung des Textes noch einmal durchzusehen, wofür ich ihm besonders danke.

Des weiteren danke ich meinen „philosophischen Freunden" Horst Schnappauf, Sepideh Ravahi, Alexander Lisse und Thomas Lichtenberger, die stets ein offenes Ohr für meine Gedanken hatten und hoffentlich noch lange haben werden. Insbesondere Horst Schnappauf machte sich durch ausführliche Bemerkungen zum vorliegendem Text verdient. Wertvolle Anregungen lieferte auch Goda Plaum, die mir durch ihre sehr gründliche Textkritik half. Für die soziologischen Aspekte, also insbesondere Teil B, Abschnitt II, haben mich Anregungen aus zwei Sommerakademien der Studienstiftung des Deutschen Volkes nachhaltig beeinflusst. Neben allen Teilnehmer der von mit besuchten Kurse danke ich dabei insbesondere den Herren Prof. Dr. Alois Hahn und Prof. Dr. Ulrich Oevermann. Weitere verdienstvolle Korrekturarbeiten leisteten meine Eltern, Dr. Gisela Plaum und Dr. Ernst Plaum, der mich auf viele ungenaue oder sprachlich mangelhafte Textpassagen aufmerksam machte. Nicht zuletzt danke ich all jenen, die hier keine Erwähnung fanden, aber dennoch durch wichtige Impulse zu diesem Text beitrugen.

Im Text kommen sowohl gesperrte wie kursive Markierungen vor. Diese haben folgende Bedeutungen: Gesperrte Textpassagen sind Textteile, die definitorischen Charakter tragen. Demgegenüber entspricht die kursive Markierung einer sprachlichen Emphase.

Regensburg, im August 2001

Einleitung

Bei dem vorliegenden Text handelt es sich um eine Ideenschrift, das heißt: ihr vorrangiges Ziel ist es, philosophische Ideen und Gedanken ein *erstes Mal* in eine ausformulierte Form zu bringen. Es handelt sich also um eine Art Skizzenbuch in Schönschrift, bei dem das Bemühen, die vorhandenen Skizzen zu einer Einheit zu formen, nur von zweitrangigem Interesse ist. Im Laufe der denkerischen Entwicklung ist dieser Schritt eine unumgängliche Notwendigkeit, insbesondere wenn die Gedankengänge ein gewisses Maß an Komplexität erreicht haben. Es ist die erste ausgesprochene Bestandsaufnahme gewisser eigener philosophischer Ideen, und als solche sollte der Text auch gelesen werden. Insbesondere wird man einen angemessenen Dialog mit anderen philosophischen Denkpositionen und eine ausgearbeitete Systematik vermissen. Das erstere ist von mir allein schon deshalb nicht zu leisten, weil ich als Nichtfachmann nur sporadische Kenntnisse der Philosophiegeschichte besitze, insbesondere nahezu keine philosophische Primärliteratur kenne. Das letztere ist Aufgabe der weiteren Denkentwicklung und gestaltet sich aufgrund des weitreichenden Ansatzes nur sehr langwierig und mühevoll.

Dieses Vorgehen ist unorthodox und mag nicht so recht in die akademischen Gebräuche passen. Man mag mir zurufen: „Lerne doch erst mal das Handwerk, bevor du dir anmaßt, mit eigenen Gedanken aufzutreten!" Dem kann ich nur entgegenhalten, dass Wissenschaft, gleich welcher Art, ohne selbständiges, kreatives Denken nicht auskommt. Diese Tugend zu pflegen tut sich der akademische Lehrbetrieb allein seiner Natur nach schwer, weil Kreativität nun mal nicht lehrbar ist. Und da es genügend studierte Philosophen gibt, die das Handwerk beherrschen, ohne sich in gleichem Maße durch Kreativität auszuzeichnen, mag mein Versuch, das Pferd der philosophischen Denkaneignung einmal von hinten aufzuzäumen, zumindest interessant erscheinen. Dies umso mehr, als es ein Grundzug der deutschen Gegenwartsphilosophie ist, Philosophie zunehmend auf Philosophiegeschichte zu reduzieren. Arbeiten nach dem Schema „Die Rezeption des A-Begriffs des B-Philosophen beim C-Philosophen" gibt es viele. In Luhmannschen Begriffen mag man die akademische Philosophie so als selbstreferenzielles, funktional ausdifferenziertes System identifizieren. Tatsächlich läuft dies aber häufig auch auf ihre konsequente Kontextfreiheit hinaus, so dass sie in dieser gänzlichen Unberührtheit nur allzu oft auch gänzlich nutzlos geworden ist, etwa in der Auseinandersetzung mit Gesellschaft und Kultur der Gegenwart.

Es ist so der Entstehungszusammenhang dieser Arbeit schon durch das gekennzeichnet, was sich das darin entwickelte Denken als ein denkerisches Zielobjekt vorgenommen hat: die gedankliche Aufarbeitung der Moderne. Suchen wir für deren soziologische Aspekte ein Modell, so finden wir es in Niklas Luhmanns Systemtheorie. Seine „Welt" zeichnet sich dadurch aus, dass es in ihr keinen ausgezeichneten Beobachter gibt, welcher als Garant für eine „einheitliche Welt" angesehen werden könne.[1] Ein solcher Garant wäre etwa in der anerkannten Autorität einer Religion, einer Staatspartei oder einer allgemein anerkannten Leitwissenschaft zu sehen. Das Zerfallen der „einheitlichen Welt" in nicht zu übersehende Teilperspektiven, die Zergliederung der Gesellschaft in unzählige Subsysteme, die zwar gemeinsame Schnittmengen haben mögen, aber niemals zur Deckung gebracht werden können, ist eine, wenn nicht *die* Schlüsselerfahrung der Moderne, die ich im folgenden mit dem Schlagwort *Verlust der Vollständigkeit* ansprechen möchte. Schlüsselerfahrungen der Moderne zu reflektieren und sie als Folge einer weitreichenden „Rationalisierung" herauszustellen, ist ein Ziel des hier vorgetragenen Denkansatzes, führt derselbe doch auf einen hinreichend allgemeinen Begriff von „rational", welcher den vielfältigen Ausformungen der „Modernisierung" gerecht werden kann. Gleichwohl beschränken wir uns in diesem Text auf die grundlegenden begrifflichen Klärungen, welche hoffen lassen, eine angemessene Behandlung dieser Thematik zu ermöglichen.

Erkenntnistheoretisch bedeutet der Verlust der Vollständigkeit zunächst so etwas wie die Übernahme eines aus der *Logik* wohlbekannten Sachverhaltes als epistemisches Prinzip, nämlich dass sich aus Existenzaussagen a priori keine Allaussagen machen lassen. Demnach sind Allaussagen über der Erfahrung zugängliche Dinge gänzlich unmöglich, da unserer Erfahrung nur begrenzte und damit *unvollständig* Bereiche der Gegenstandswelt zugänglich sind. Ferner lassen sich diese Dinge nur unter *bestimmten Rücksichten endlicher Anzahl* in Erwägung ziehen, somit können wir also auch bezüglich eines einzelnen Dinges niemals sicher sein, ob die Zahl der relevanten Rücksichten *vollständig* ist und der Gegenstand durch unser Denken adäquat erfasst wird. Den gegenständlichen Dingen also so etwas wie ein *Wesen* als eine dem subsistenten Sein einer Seinsheit (Entität) erschöpfende wissenschaftliche, d.h. begrifflich definitorische Beschreibung unterstellen

---

[1] Man beachte die Paradoxie dieses Satzes!

zu wollen, ist unter dieser erkenntnistheoretischen Prämisse nicht länger möglich.

Wird nun aber der Mensch selbst in der erkenntnistheoretischen Urteilsfindung Objekt des Denkens, so muss das Fehlen eines Wesensbegriffes vom Menschen dazu führen, dass die von demselben an die Wirklichkeit herangetragenen Rücksichten als abhängig von seiner je kontingenten Eigenart begriffen werden. Erkenntnis jeder Art ist dann nur durch mannigfaltige, vom erkennenden Einzelsubjekt abhängende Teilperspektiven möglich, deren Korrelation in hohem Maße fragwürdig erscheint. Ein ausgezeichneter Beobachter, welcher die Definitionsmacht dessen, was als wirklich zu gelten hat, für sich in Anspruch nehmen könnte, ist so nicht zu rechtfertigen.

In der Sprache gesellschaftlicher Systeme gesprochen heißt dies folgendes: Es gibt kein gesellschaftliches System, welches in der Weise ausgezeichnet ist, über andere gesellschaftliche Systeme mit exklusivem Wahrheits- und Wirkungsanspruch gestellt zu sein. Dies bedeutet aber nichts anderes, als ein Ende der *Politik*, da ein konkretes politisches System gerade den Anspruch erhebt, auf eine solche Weise ausgezeichnet zu sein. Ansonsten wäre es nicht zu rechtfertigen, wie es diesem System zukommen soll, über andere Systeme eine *exklusive* Herrschaft auszuüben, etwa durch das Rechtsmonopol.

Der Verlust der Vollständigkeit zieht also zunächst einmal einen profunden *Skeptizismus* nach sich. Und obwohl es uns so unmöglich ist, *rational* über die Welt *gebildet*, d.h. aufgeklärt zu werden, ist das Weltbild des Skeptizismus dennoch in hohem Maße rational, da es der *Logik* wie dem methodischen *Zweifel* höchste Priorität einräumt. Dennoch ist das Verhältnis des *erkenntnistheoretischer Rationalismus* zum *Skeptizismus* ein zwiespältiges. Denn noch eine andere Gesinnung vermag den Titel „rational" für sich in Anspruch zu nehmen, nämlich der *D o g m a t i s m u s* . W ä h r e n d d e r *D o g m a t i s m u s* bestimmte Aussagen als wahr *setzt*, zieht der *S k e p t i zismus* die Möglichkeit wahrer Aussagen überhaupt in Frage. Der Dogmatismus betreibt gerade das, was sich der Skeptizismus verwahrt, nämlich sich von der Welt ein *rationales* Bild zu machen. Diese beiden Grundpositionen des *epistemischen Rationalismus* sind, obgleich sie zunächst als Gegensätze erscheinen, dennoch zutiefst verwandt, und enthalten sich gegenseitig:

Der *Dogmatismus* hat es deswegen nötig, Aussagen als wahr zu setzen, weil die *Einsichtigkeit* dieser Aussagen *fragwürdig* und zweifelhaft ist. Niemand würde auf die Idee kommen, Aussagen, die für jeden unmittelbar einsichtig sind, durch ein Dogma festschreiben zu wollen. Dogmen kann es also nur dort geben, wo unser naturgegebenes Erkenntnisvermögen als getrübt und unzulänglich angesehen wird.

Umgekehrt ist jeder *argumentativ praktizierte* Skeptizismus ein *Dogmatismus*. *Argumentativ praktizierbar* ist ein Skeptizismus dann, wenn er sich auf Argumentationen einlässt, es sich also zum Ziele setzt, alle Argumentationen, die darauf abzielen, zu wahren Aussagen zu führen, zu demontieren. Dieses Ansinnen kann aber nur durch einen dogmatisch gesetzten Skeptizismus widerspruchsfrei geschehen, da der Skeptizismus sich ja nicht als eine wahre Aussage argumentativ einsichtig machen kann.

Man mag nun leicht auf den Gedanken kommen, der Skeptizismus stünde grundsätzlich mit sich in Widerspruch, da er sich, gegen die eigene Position gewendet, stets aufhebe. Dennoch lässt sich der Skeptizismus widerspruchsfrei setzen, etwa durch den dogmatischen Satz: *„Die einzig gewisse Aussage, die wir treffen können, ist diejenige, dass alle Aussagen, außer dieser, grundsätzlich zweifelhaft sind und somit nicht als gewiss wahr anerkannt werden können."*[2]

Wir haben von *argumentativ praktizierbaren* Skeptizismus gesprochen, da es zur Abwehr des Skeptizismus nicht ausreicht, ihn im streng wissenschaftlichen Sinne zu widerlegen, was auch gar nicht möglich ist, sobald er sich zu seinem Dogmatismus bekennt. Denn es gibt über den Skeptizismus als theoretischen Standpunkt hinaus eine *skeptizistische Grundhaltung*, welche sich möglicherweise noch gar nicht ernsthaft auf eine rationale Diskussion einlassen möchte. Dennoch wird durch diese Haltung, die Wissenschaften insgesamt bzw. deren Erkenntnisansprüche aus einem prinzipiellen Zweifel heraus in Frage gestellt. Als Grundhaltung, die durch bestimmte Erlebnisse geprägt sein mag, ist *dieser* Skeptizismus erst recht nicht widerlegbar, sondern lediglich *überwindbar*. Die Überwindung einer skeptizistischen Grundhaltung ist insbesondere durch das Anbieten attraktiver Alternativen möglich, was auch durch die Philosophie geschehen kann.

Das komplementäre Verhältnis von Skeptizismus und Dogmatismus ist auch der Grund, weshalb sich beide Geisteshaltungen auf den *Verlust der Vollständigkeit* berufen können, der zunächst eigentlich nur einen Skeptizismus nahelegt. Dieser liegt insoweit nahe, als der Rationalismus *methodisch* verstanden wird. Strebt man aber ein *rationales System* an, so kann dies nicht geschehen, ohne auf dogmatische Weise die Anfangsgründe dieses Systems zu setzen. Beide Positionen aber sind *Zeugen des Elends des Rationalismus*, denn beide stiften mehr Unruhe als sie beseitigen. Es scheint so, dass die Neuzeit nach Jahrhunderten der Rationalitätsbegeisterung an einem Punkt angekommen ist, an dem es für sie Zeit wird, auch die negativen Seiten der Rationalität mit aller Entschiedenheit und Konsequenz zu reflektieren. Insofern dies für den Aspekt der Rationalität, welcher unmittelbar das Denken betrifft, schon geschehen sein sollte, gilt es nun den Blick zu schärfen, um die kulturellen, soziologischen und sozialpsychologischen Involvierungen einer solchen Rationalitätskritik nachzuvollziehen. Ein dazu benötigter allgemeiner Rationalitätsbegriff soll im vorliegenden Text entwickelt werden.

Liebhaber des postmodernen Lebensgefühles mögen den *Verlust der Vollständigkeit* als befreiend und erleichternd feiern, kann man in ihm doch die Vollendung einer pluralistischen und demokratischen Gesinnung sehen. Dies kann jedoch so weit gehen, dass der *Verzicht*

---

[2] Es besteht allerdings immer noch die Gefahr, dass dieser Satz sinnlos ist.

auf Vollständigkeit seit im normativen Sinne eingefordert wird, wodurch sich diese Ausformung des modernen Skeptizismus selbst ad absurdum führt. *Unvollständigkeit* kann nämlich immer nur durch – zumindest gedankliche – *Vervollständigung* erkannt werden. Denn der Begriff „Unvollständigkeit" ist ein Mangelbegriff, welcher ohne den Begriff „Vollständigkeit" nicht gedacht werden kann. Damit ist aber der Begriff „Unvollständigkeit" nur dann sinnvoll, wenn eine bestimmte inhaltliche Bestimmung dessen, was Vollständigkeit ausmacht, und damit eine gewisse Vollständigkeit der Erkenntnis möglich ist.

Auch in den Wissenschaften kommt man ohne den Glauben an die *Vervollständigbarkeit* des Wissens nicht aus. Ohne die Zuversicht, sich mit seinem Streben berechtigter Weise um Erkenntnis der Realität - im Sinne von Wahrheit-zu bemühen, wenngleich alle Wissenschaft unvollkommenes Gleichnis auf die Wahrheit bleiben kann, ohne den Glauben, sich im wissenschaftlichen Dialog prinzipiell *einigen* zu können, ist Wissenschaft in der Praxis nicht möglich. „Sich einigen können" bedeutet dabei mehr, als nur einen Konsens zu finden wie Viehhändler auf dem Markt, sondern meint die Möglichkeit, eine von allen Beteiligten gebilligte Annäherung an die Wahrheit gefunden zu haben, d.h. ein Sich-Einigen in Hinsicht auf das Ideal der Wahrheit über die Welt.

Die in diesem Vorwort ausgeführten Gedanken mögen eine gewisse antimoderne Grundstimmung vermuten lassen. Stellt sich für uns nach fünfhundert Jahren im Zeichen der Rationalität diese als eigentliches Übel der Menschheit heraus? Gewiss nicht! Es ist gerade im Interesse meines Ansatzes Rationalität nicht einfach sein zu lassen. Doch Rationalität ist nicht alles. Und so sind wir in der Pflicht, ihren Gegenspieler beim Namen zu nennen. So sehr ich mich also gegen einen einseitigen Rationalismus wehre, so sehr wollen wir nicht die entgegengesetzte Einseitigkeit begehen, und der folgende Teil I zeigt hoffentlich, dass mein Denken die Moderne durchaus nicht unverdaut gelassen hat. Die formale Natur meines Denkansatzes bleibt freilich von solchen Bemerkungen unberührt, wozu im folgenden Kapitel 1.1 „Allgemeine Bemerkungen" genaueres ausgeführt wird.

2 Das System der Kategorien

2.1 Allgemeine Bemerkungen

2.1.1 Einzelwissenschaften und Philosophie

Die Frage, womit in der Philosophie zu beginnen sei, ist selbst eine philosophische Frage. Man könnte dadurch auf den Gedanken kommen, Philosophie sei allein deshalb nicht möglich, weil sich dieses Anfangsproblem nicht lösen lasse, ohne selbst schon Philosophie zu betreiben. Dennoch ist diese Feststellung bereits eine philosophische, und wir befinden uns mitten in der Philosophie, noch ehe wir in der Frage des Anfangs eine Lösung gefunden haben. Dass sich uns das Anfangsproblem in der Philosophie so drastisch stellt gehört zu ihrer Eigenart, wird doch jede andere Wissenschaft im weitesten Sinne des Wortes philosophisch begründet, so dass man sich in der entsprechenden Wissenschaft selbst nicht weiter mit der Anfangsfrage herumschlagen muss.

Die Chemie etwa hat es mit den materiellen Stoffen zu tun, *insoweit* sie sich durch Verschiedene Arten der Verbindung ihrer Bestandteile in einander umwandeln lassen. Diese Definition, ob nun geglückt oder nicht, enthält verschiedene Begriffe, wie etwa *Stoff, Verbindung* oder *umwandeln*, die alle philosophische Relevanz besitzen. Bei *Stoff* schließt sich die Frage an, was die *letztendliche Grundlage der Welt* ist, oder bei *umwandeln* kommt das Problem des Werdens in Betracht. Es ist wichtig festzustellen, dass diese Probleme keineswegs allein den Einzelwissenschaften überlassen sind, da diese immer auf Einzeldinge verwiesen bleiben müssen, die eben genannten Fragen aber auf die *Welt als Ganzes und an sich* abzielen, demnach metaphysische Fragen bilden, und sie also auch in den Einzelwissenschaften letztlich nur philosophisch diskutiert werden können.[3] Die Sprechweise „Welt als Ganzes" mag in Bezug auf die Metaphysik gerechtfertigt sein. In Bezug auf die Philosophie insgesamt ist sie problematisch, da viele Philosophien diese nicht als Gegenstand ihrer Disziplin anerkennen

---

[3] Wir dürfen auch nicht annehmen, dass diese Fragen durch die Einzelwissenschaften befriedigend gelöst worden sind. Wenn wir etwa das Problem des Werdens wie am Beispiel eines Absorptionsprozesses in der Physik betrachten, so stellt es sich in der modernen Quantenphysik im Grunde genommen viel rätselhafter dar, als es noch vor gut hundert Jahren zu Zeiten der klassischen Physik erscheinen musste.

würden. Im Verhältnis von Philosophie zu Einzelwissenschaft sei dieser Sprechweise Vorhäufigkeitscharakter zugesprochen, welche im Abschnitt „Kultur des Dinghaften" durch eine allgemeinere Begrifflichkeit aufgehoben wird. Ebenso vorläufig ist das Sprechen von der „Welt der Einzeldinge" im Zusammenhang mit den Einzelwissenschaften. Darin wollen wir Philosophie vorläufig bestimmen als Wissenschaft von der Welt als Ganzes und eine Einzelwissenschaft als Wissenschaft von Einzeldingen.

Wenn wir also feststellen, dass viele Begriffe, wie sie im *Diskurs über Einzelwissenschaften* und Wissenschaft im allgemeinen gebraucht werden, letztlich philosophische Begriffe sind, so sollte es auch ein Anliegen der Philosophie sein, sich über solche Begriffe *Klarheit* zu verschaffen. Dies heißt aber nicht, dass wir unüberlegt die Grundbegriffe der Einzelwissenschaften systematisieren sollten, da es sich bei den Einzelwissenschaften um Erscheinungsformen menschlicher Kultur handelt, wir also insbesondere Termini zur *Reflexion auf Kultur* benötigen, da ansonsten einzelwissenschaftliche Vorurteile unbedacht übernommen werden. Als eine Zielvorgabe sollte es möglich sein, grundlegende Begriffe des kulturreflexiven Diskurses zu finden. Damit diese Begriffe als wissenschaftlich gelten können, muss ihr Gebrauch eindeutig durch Definitionen geregelt sein.

Ich sehe einen gewissen Mangel der gegenwärtigen Philosophie darin, die Chancen, welche die Fortschritte in den Einzelwissenschaften liefern, nicht zu nutzen. Ihrer Natur nach wäre sie insbesondere dazu berufen, sich in den kulturwissenschaftlichen Diskurs einzuschalten. Was sie leisten kann ist die Bereitstellung einer allgemeinen Begrifflichkeit, welche eine einzelne Kulturwissenschaft über die engen Grenzen ihrer selbst hinaus hebt. Es geht uns also darum, globale Perspektiven zu eröffnen, die insbesondere dazu dienen könnten, die Mosaiksteine der vielen wertvollen Einzelerkenntnisse so aufeinander zu beziehen, dass sich daraus Erkenntnisgewinne für die Frage nach der Natur des menschlichen Geistes ergeben.

Es ist klar, dass man mit dem Bemühen, grundlegende Begriffe zu finden, an ein Ende kommen, es also *Definitionen* geben muss, deren Termini ihrerseits nicht mehr definiert werden können. *Der allgemeinste mögliche Terminus, der des Seins, ist nun gänzlich nicht mehr definierbar. Denn Sein kann nicht der Spezialfall von etwas sein, das Sein als einen Fall enthält, ohne selbst zu sein.*[4] Damit ist zugleich ein be-

---

[4] Zum Begriff der „Möglichkeit" sei hier folgendes angemerkt. Es ist durchaus denkbar, den Begriff „mögliches Sein" als dem Sein übergeordnet zu verstehen. In diesem Sinne wird unser System auch als System des *ontologisch Möglichen* entwickelt. Da aber der Begriff „Möglichkeit" nicht ohne den Begriff „sein" erklärt werden kann, handelt es sich nicht um eine tatsächliche Überordnung. Ebenso ist aber

stimmtes Seinsverständnis ausgesprochen, nämlich Sein gerade als der allgemeinst mögliche Begriff überhaupt, welcher somit auch von allem, was in Betracht kommen mag, in irgendeiner Weise ausgesagt werden kann.[5] **Begriffe, die nun aber eine erste Ausfaltung dessen liefern, was Sein ausmacht bzw. ausmachen kann, nennt man *Kategorien*.** Da durch sie bestimmte Weisen des Seins definiert werden sollen, ist es nur sinnvoll, von mehr als einer Kategorie auszugehen. Dies geschieht aber mit Hilfe von Definitionen, bei denen nicht nur die übergeordnete Gattung „Sein", sondern auch die artunterscheidende Merkmale nicht wieder definiert werden können. Letztere sind nicht definierbar, da es andernfalls ein artunterscheidendes Merkmal von allgemeinerer Bedeutung gäbe und das von uns gewählte also subkategoriale Bedeutung hätte. Die Termini, welche die Kategorien bestimmen, müssen demnach auf alltägliche oder systemimmanente Weise einsichtig sein, wobei letzteres heißt, dass sich diese Termini letztlich aus alltäglich einsichtigen Begriffen ableiten lassen.

Es stellt sich nun die Frage, wie dieses Vorgehen, das in gewisser Weise willkürlich erscheinen muss, überhaupt gerechtfertigt werden kann. Zu nahe liegt der Verdacht, es handele sich bei dem vorgetragenen Denken doch nur wieder um alte Wesensmetaphysik, welche sich den Vorwurf vormoderner Rückständigkeit gefallen lassen müsste. Denn das Betreiben von Metaphysik[6], egal welcher Ausprägung, die sich als Wissenschaft vom *Seienden an sich* versteht, ist seit geraumer Zeit in die Defensive geraten. Es ist nach Kant das Skandalon eben dieser Wissenschaft, dass es ihr in einer über zweitausendjährigen Geschichte nicht gelungen ist, sich ebenso wie die sehr erfolgreichen Einzelwissenschaften, insbesondere die Naturwissenschaften, als eine Disziplin mit einem gesicherten Grundstock an Tatbeständen zu behaupten. So geriet die Metaphysik gerade in der Zeit in die Krise, in welcher sich die Naturwissenschaft durch allgemein anerkannte Erfolge zu etablieren begann. Zur Zeit von Aristoteles gab es noch einen gewissen Gleichklang zwischen Einzelwissenschaft und Philosophie. Aber Aristoteles als Biologen hat die heutige

---

„Sein" nicht ohne ein Mindestmaß an „Möglichkeit" denkbar, da „Wirklichkeit" „Möglichkeit" voraussetzt, und es keinen Sinn macht, von Sein zu sprechen, insoweit es Weder wirklich noch möglich, wenigstens denkmöglich ist.

[5] Sein als der allgemeinst mögliche Terminus ist nicht zu verwechseln mit so etwas wie einem „letztendlichen Terminus", da letzteres auch so etwas sein kann, wie „die Gesellschaft" oder „die Natur" als das Letztendliche, wodurch alles übrige zu erklären versucht wird. Vgl. Abschn. 2.1: „Kultur des Dinghaften".

[6] Der Begriff Metaphysik wird hier so verstanden, dass sie als Wissenschaft der allgemeinen Aspekte des Suns an sich *Ontologie* ist, während sie *metaphysische Kosmologie* ist, sobald sie einzelne Weisen des Seins benennt und naher untersucht.

Biologie längst hinter sich gelassen; was jedoch den Philosophen Aristoteles betrifft, so dürfte dies bei unvoreingenommener Betrachtung sehr viel weniger der Fall sein. Weshalb sich die Metaphysik so schwer tut, sollte nach ein paar Bemerkungen über die Sprache deutlich werden. Alles, was von uns gedacht und geäußert wird, ist nicht möglich ohne die Einheit des Bewusstseins. Egal, was auch immer wir denken oder ausdrücken, stets begleitet uns dieses Bewusstsein, und auch dessen Grenzen, etwa Schlaf oder Bewusstlosigkeit sind nur in diesem erkennbar. Da aber das Gewölbe des Bewusstseins alles überspannt, was für uns in Betracht kommen kann, also jedes Gefühl, jede Wahrnehmung, jeder wissenschaftliche Satz, ist in diesem bloßem Bewusstsein noch nicht zwischen *Aussage*, *Ausgesagtem* und *Aussagendem* unterschieden, und damit auch nicht zwischen Welt und Erkenntnis. In diesem Sinne soll diese Einheit des Bewusstseins primär genannt werden, da alles weitere erst innerhalb dieser unterschieden werden kann.

Damit ist die primäre Bewusstseinseinheit aber nicht direkt mittelbar. Die Zuhilfenahme des begrifflichen Denkens ermöglicht es uns, zwischen Aussage, Ausgesagtem und Aussagendem zu unterscheiden. Die erste Unterscheidung, die zwischen Aussage und Aussagendem, liefert die Möglichkeit zur *Objektivierung* des Denkens als dem Absehen von subjektiven Bedingtheiten der Aussage, die zweite Unterscheidung, die zwischen Aussage und Ausgesagtem die Möglichkeit der Abstraktion, als der Möglichkeit, Verschiedenes mit den *gleichen*, *eindeutigen* und *allgemeingültigen Begriffen* zu bezeichnen. Die zweifache Allgemeingültigkeit der Begriffe ist aber eine Eigenschaft, welche man gemeinhin *rationalem*, insbesondere *wissenschaftlichem* Denken zusprechen wird. So lange, wie wir es mit vereinzelten Dingen zu tun haben, leistet dieses Denken gute Dienste. Zwar ist es wahr, dass sprachliche Bezeichnungen der Einzeldinge stets ungenau sind, allein schon weil durch den bezeichnenden Begriff etwas unausgesprochen als Einheit gefasst wird, welchem aber ein Mannigfaltiges entsprechen muss, um unterscheidbar zu sein. Doch ist es möglich, diesen Mangel durch größere sprachliche Genauigkeit auszugleichen. Wenn ich etwa „Tisch" sage, so impliziert das in der Vorstellung, Wahrnehmung oder in einem logischen Begriffssystem so etwas wie „Tischplatte" und „Tischbein", welches in nachfolgender sprachlicher Differenzierung angesprochen werden kann.

Von der Welt als Ganzer und an sich, um die es in der Metaphysik gehen soll, wissen wir aber nur so viel, dass sie alles umfasst, was *ist*. Damit sind wir aber unmittelbar auf das verwiesen, was uns allein mit nicht zum Verlöschen zu bringender Gewissheit Sein vergegenwärtigt, die *primäre Einheit* des *Bewusstseins*. Was sie ausmacht, lässt sich aber eben nicht in gleicher Weise auf den Begriff bringen, wie unser Wissen über die Einzeldinge, da Begrifflichkeit eben durch die unterscheidende Zergliederung jener primären Einheit des Bewusstseins *überhaupt erst entsteht*. Wenn aber diese uns innewohnende, alleinige Quelle der Seinsgewissheit selbst in einem grundsätzlichem Widerspruch zum begrifflichen Denken steht, wie sollen wir dann in Begriffen vom Sein reden können? Sicherlich nicht in gleicher Weise, wie es uns von den Einzeldingen möglich zu sein scheint.

So schwierig es also um die Metaphysik bestellt ist, so wenig kann man sich letztlich, bei aller Vorsicht, in jeglicher Philosophie um sie herumdrücken; und jede philosophische Leugnung der Metaphysik ist doch nur wieder ihre Bestätigung, da jede Metaphysik durch nichts zu Widerlegen ist, als durch eine andere Metaphysik, und sei es eine negative. Dies liegt daran, dass Aussagen sich nur dann widersprechen können, wenn sie ein gemeinsames Subjekt haben. Wenn also jemand behauptet, die Welt sei als Ganzes nicht erkennbar, so ist diese Aussage entweder sinnlos, da der Terminus Welt nicht bestimmt ist, oder aber widersprüchlich, da ein Mindestmaß an allgemeiner Welterkenntnis vorhanden sein muss, um dem Begriff „Welt" einen wohldefinierten Sinn zu geben.[7] Wenn hingegen der Satz lediglich geäußert wurde, um den Angesprochenen von seinem „falschen Sprachgebrauch" abzubringen, so handelt es sich bei dem Satz um keine Aussage, sondern um einen Appell. Termini einen Appells aber zielen darauf ab, den Angesprochenen zu überreden, und haben keinen allgemein begründenden Status, womit die entsprechende Aussage auch keinen allgemeinen Geltungsanspruch besitzt. Der Aufforderung: „Lasst alle Metaphysik bleiben!" kann man eben Folge leisten oder nicht, für die Metaphysik ändert das nichts.

Man könnte nun einwenden, es sei doch aber gültig zu sagen, es gäbe keine Einhörner. Dabei kann im Gegensatz zu unserer Aussage über die Welt als Ganzes dem Begriff „Einhorn" ein wohldefinierter Sinn gegeben werden. Da es sich um ein *bestimmtes* Aggregat existierender Elemente handelt. Die Welt als Ganzer wäre aber aufzufassen als jedwedes Aggregat von Seinsheiten, welches keine weiteren Seinsheiten neben sich hat. Damit ist sie endlich oder unendlich, in jedem Falle aber vorhanden. Wenn dies aber so ist, so verfügen wir auch über ein Minimum an Kenntnis über diese Welt, da ansonsten eine Existenzaussage über diese Welt leer wäre.

Doch ist das Anliegen der Metaphysik noch aus viel banaleren d.h. pragmatischen Gründen ernst zu nehmen, deshalb nämlich, weil sie allenthalben auf irgendeine Weise *geschieht*. Überall da, wo aus wissenschaftlichen Ergebnissen gesellschaftlich relevante Schlussfolge-

---

7 Das heißt nicht dass jeder Mensch zwangsläufig einen metaphysischen. Standpunkt einnehmen muss, denn es gibt durchaus den Zustand der Naivität bezüglich der Metaphysik und der Philosophie im allgemeinen. Hat ein Mensch aber einmal den Virus der Philosophie injiziert bekommen, so ist damit ein unumkehrbarer Schritt getan und die einfache Naivität für immer verloren.

rungen gezogen werden, kann dies nur im Rahmen eines bestimmten *Weltbildes* geschlossen.[8] Denn Mensch und Gesellschaft verorten sich immer, und dies eben allein schon aus pragmatischen Gründen, in einer bestimmten *Welt*, von der sie sich ein Bild machen *müssen*.

Wie soll man auch nur die alltäglichsten Handlungen vollbringen, ohne an so etwas wie *Massenerhaltung* zu glauben? Wenn ich zum Beispiel am Abend ein Buch auf den Tisch lege, so nehme ich an, es am Morgen dort wieder zu finden. Und finde ich es dort nicht, so nehme ich Weiter selbstverständlich an, dass es jemand fortgenommen und es sich nicht einfach so über Nacht in Nichts aufgelöst hat.

Auch einigt sich die Gesellschaft darauf, das Gesundheitswesen staatlich zu regeln, wobei die Entscheidung, welche Heilmethoden dabei anerkannt werden, von der Beantwortung der Frage abhängt, welches Weltbild als öffentlichkeitswirksam anerkannt werden soll, d.h. welchem Weltbild, etwa das der *klassischen Schulmedizin* oder das der *klassischen Homöopathie*, Wirksamkeit in Bezug auf das öffentliche Leben zugebilligt werden so.

Doch auch der *Alltag* der Wissenschaften, wenigstens der *Naturwissenschaften*, ist für den Wissenschaftler nicht möglich, ohne sich in einer bestimmten *Welt* zu wähnen, und bestimmte theoretische Seinsheiten wie Elektronen oder Quarks als *real* anzunehmen, deren Existenz aus erkenntnistheoretischer Sicht keineswegs zweifelsfrei ist. Wie sonst soll er mit den komplexen experimentellen Aufbauten umgehen? Vom logischen Standpunkt mag viel für eine instrumentalistische Sicht der Naturwissenschaften sprechen, eine Sicht also, welcher naturwissenschaftlichen Theorien lediglich den Status nützlicher Instrumente zur Vorhersage zubilligt und jede metaphysische Aussagekraft leugnet. Bei der Arbeit im Labor aber wird notgedrungen ein realistisches Verständnis der Theorien praktiziert werden.

Vom philosophischen Blickpunkt wird es allerdings bedenklich, wenn nun diesen, in den Einzelwissenschaften zu recht im Rahmen der je eigenen Rücksichten angenommenen Weltbildern, Gültigkeitsanspruch auf die Welt in ihrer Totalität zugesprochen wird, wenn also aus den Weltbildern der Einzelwissenschaften *metaphysische* Weltbilder werden. Dies ist umso bedenklicher, als diese *metaphysischen Usurpationsversuche einzelwissenschaftlicher Provenienz* durchaus in Konflikt zu einander geraten können, je nachdem, welche Einzelwissenschaft den Versuch unternimmt, sich über die anderen zu erheben.

Am natürlichsten mag man noch der *Physik* das Vorrecht der grundlegendsten Naturwissenschaft zubilligen. Jedoch steht die moderne Physik im Widerspruch zu dem von der Chemie ausgehenden und insbesondere auch die Biologie beherrschenden *Materialismus*, der in seiner Materievorstellung noch weitgehend im klassischen Denken verhaftet ist. Dort werden die mikroskopischen Bestandteile der Materie in direkter Analogie zu *Gegenständen* gedacht, wie sie uns im Alltag gegeben sind. Verheerender wird die Sache noch, wenn wir etwa Psychologie und Soziologie in den Reigen der Einzelwissenschaften aufnehmen. Insbesondere letztere hat sehr elaborierte Usurpationsversuche zu bieten, etwa in der *Wissenssoziologie* oder der *soziologischen Systemtheo-*

---

[8] Insbesondere in Zusammenhang mit der Frage der Bioethik wird dies deutlich.

rie, um letztlich die gesamte Wirklichkeit, also auch die der Einzelwissenschaften, durch ihre Kategorien erklärt zu wissen.

Die Frage nach der Metaphysik, einer Disziplin, der einst kaiserliche Würde anhaftete, ist also nach wie vor nicht zur Ruhe gekommen. Bislang hat noch jede Wissenschaft ihr eigenes Territorium, wobei jedoch nicht wenige Territorialfürsten davon träumen, ihr Herrschaftsgebiet zu erweitern und möglicherweise alle Gebiete in ihre Abhängigkeit zu bringen. Dabei dient der *Skeptizismus* als Bollwerk gegen die *Philosophie* oder gar die *Religion*, sobald diese auf ihr althergebrachtes Vorrecht zu pochen versuchen, während der Dogmatismus oft unbemerkt im eigenen Hofe sein behagliches Zuhause findet. Der Physik ist die *Synergetik* entsprungen, der Informatik die *Systemtheorie*. Diese und ähnliche Denkansätze kann man als Versuche verstehen, von einer Einzelwissenschaft aus ein Denken zu schaffen, welches wieder so was wie eine einzelwissenschaftsübergreifende Universalsprache bereitstellt. Dieses Ansinnen kann seinen Grund nur in der Sehnsucht nach eben jener „einen Welt" haben, deren althergebrachte Garanten durch die Modernisierung in Misskredit geraten sind.

Nun gibt es die Philosophie aber noch, und es entspringt ihrem vitalsten Eigeninteresse, wenn sie sich fragt, wie ihr die alte Krone der Wissenschaften abhanden gekommen ist, um deren Bruchstücke sich nun die Diadochen streiten. Der alte Traum der Philosophen von einem einheitlichen, rationalen Weltbild ist also nicht ausgestorben, er ist ihnen nur ein wenig aus dem Blickfeld geraten. Der vorliegende Text geht aber von der Grundüberzeugung aus, dass das sogenannte Scheitern der Philosophie im vergangenen Jahrhundert nicht einfach übergangen werden darf, und wir nun munter wieder „alte" Metaphysik betreiben sollten, wenngleich dies eine Tendenz der Zukunft bleiben dürfte. Vielmehr kann ein erneuter, grundlegender philosophischer Denkaufschwung nicht stattfinden ohne eine Reflexion auf die fatalen Fallen, in welche die Philosophie vergangener Tage tappte.

Die *formale Ontologie*, wie der hier vorgetragene Denkentwurf im folgenden bezeichnet wird, soll es ermöglichen, eine philosophische Antwort auf das zu geben, was die Einzelwissenschaften in den vergangenen Jahrzehnten und Jahrhunderten an wertvollen Erkenntnissen zutage gefördert haben. Sie tut dies aus der Überzeugung, dass in einer rationalen Weise letztlich nur die Philosophie Schiedsrichterin über die Weltbilder der Wissenschaften sein kann, da allein sie in der Allgemeinheit dessen, was sie untersucht, nichts auslässt bzw. auslassen sollte. Zwar hat auch die Mathematik bewundernswerte Blüten der Abstraktion hervor gebracht, doch die rationale Methode steht für sie außerhalb jeden Zweifels, ja sie ist höchste Kultivierung derselben. Als allgemeinst mögliche Wissenschaft ist die Philosophie jedoch auf die Reflexion der Anfangsgründe ihrer selbst verwiesen und damit insbesondere auf die Reflexion dessen, was als rational zu gelten hat.

Die formale Ontologie ist nun nicht einfach alte Metaphysik. Darin unterscheidet sie sich in gewissem Sinne stärker von den pseudowissenschaftlichen Grobmetaphysiken, welche, den Einzelwissenschaften entronnen, an die Philosophie heranbranden, als diese von der traditionellen Metaphysik. Allein schon aus der Notwendigkeit, solche Grobmetaphysiken in die Damme zu weisen, ist es angebracht, ein entsprechend reichhaltiges philosophie- und damit metaphysikreflexives Denken zu entwerfen. Dies ist schon dann notwendig, wenn eine philosophische Denkposition zu anderen Denkpositionen Stellung nehmen will. Damit dies auf klar ausgesprochene Weise geschieht, soll ein *Kategoriensystem des ontologisch Möglichen* entfaltet werden. Insoweit sich die ontologischen Möglichkeiten in unserem Denken erschließen, handelt es sich also um ein System des ontologisch Denkmöglichen. Dabei ist die formale Ontologie nicht nur auf das verwiesen, was die Einzelwissenschaften uns an gesicherten Tatbeständen bereithalten, sondern bezieht die Erweiterung des philosophischen Denkens um die Reflexion auf ihre eigene Geschichte in ihr philosophisches System selbst ein. Ein solches System sollte es erlauben, historisch manifest gewordene philosophische Denkpositionen treffend zu charakterisieren, ohne darin schon Position zu beziehen. Dies heißt freilich nicht, dass dadurch diese Positionen gänzlich ausgeschöpft wären, das formalontologische Denken bietet lediglich ein nützliches „Koordinatensystem" an, um sich in der Vielzahl philosophischer Strömungen nicht zu verlieren.

Die Einzelwissenschaften hatten wir in unserer vorläufigen Begrifflichkeit bestimmt als die Wissenschaften von den Einzeldingen. Wissenschaft sind sie deswegen, weil sie sich über diese äußern, insoweit dies allgemeingültig möglich ist. Diese Unterschiedenheit der Dinge führt zu einer Aufspaltung in verschiedenste Einzelwissenschaften. Die Unterschiedenheit der Dinge, genauer gesagt, der auf die Einzeldinge bezogenen Einzelrücksichten, führt dazu, dass sich die verschiedenen Einzelwissenschaften, aber auch deren Teilbereiche, weitestgehend getrennt voneinander betreiben lassen. Für den Festkörperphysiker etwa sind die vielen Erkenntnisse der Kernphysik so gut wie bedeutungslos, da es für seine Zwecke völlig ausreicht, die Atomkerne als punktförmige, geladene Teilchen anzusehen. Auch die Philosophie unterscheidet verschiedene Rücksichten bei der Untersuchung ihres „Gegenstandes", der Welt als Ganzes, etwa die des *richtigen Handelns*, oder der *Erkennbarkeit*. Wegen dieser Bezogenheit auf ein Ganzes aber ist es ihr im Rahmen einer bestimmten Teildisziplin nicht möglich, von den anderen Teildisziplinen gänzlich abzusehen.[9] So spielt etwa die Ethik in alle Teilbereiche der Philosophie, wie Metaphysik, Erkenntnistheorie oder sogar Logik hinein, da letztlich auch die Anstrengungen in diesen Teilbereichen als Teil des menschlichen Handlungsstrebens ethischen Charakter tragen. Umgekehrt ist etwa die Ethik nicht

---

[9] In einer Analogie zur Physik, könnte man geradezu davon sprechen, dass wir es in der Philosophie grundsätzlich mit „nicht-lokalen Theorien" zu tun haben.

unabhängig von der Erkenntnistheorie, da sie sich über die Erkennbarkeit sittlicher Normen und deren Folgen Rechenschaft geben muss.

Gleichgültig aber, ob einzelwissenschaftliche oder philosophische Probleme in Betracht kommen, es ergibt sich immer die Forderung, das angestrebte Kategoriensystem möglichst unabhängig von einzelnen wissenschaftlichen Fragestellungen zu gestalten. Dies erfordert ein hohes Maß an *Formalisierung* und *metaphysischen Enthaltsamkeit*, welche schon als *System des ontologisch Möglichen* angesprochen wurde. Insoweit ist es mehr ein System der Weisen, wie wir über das, was ist, zu sprechen vermögen, als ein System dessen, was ist. Aus diesem Grunde können metaphysisch aufgeladene Begriffe wie „Substanz" oder „Wesen" nicht Teil der Kategorien sein, sondern allenfalls als mögliche Anwendungen in Betracht kommen.

Im Rahmen dieser Schrift sind die Kategorien ferner als bloß gesetzt anzusehen, deren tiefgehende Begründung, welche wohl weitreichende transzendentalphilosophische Reflexionen mit sich brachte, kann hier nicht geliefert werden. Wie schon der Titel andeutet, geht es lediglich darum, einige Ideen zu Papier zu bringen.

2.1.2 Allgemeine Eigenschaften des Systems

Es soll, wie gesagt, nicht unsere Absicht sein, ein Kategoriensystems als System dessen zu entwickeln, was ist, sondern vielmehr ein System dessen, was sein könnte, somit dessen, was für uns in Betracht kommen mag, worüber sich also reden lässt. In dem Maße, in dem dies möglich erscheint, ist dieser Anspruch allgemeiner und zugleich bescheidener als der metaphysische. Es werden daher auch fraglos Begriffe wie *Geist* oder *Substanz*, also Begriffe der traditionellen Metaphysik, auftauchen, *ohne* dass wir deren Berechtigung in Anwendung auf die Wirklichkeit prüfen, da sie nur als *mögliche* Anwendungen der formalontologischen Kategorien in Betracht kommen, nicht jedoch als notwendig der Wirklichkeit angemessene. Dieses *System des ontologisch Möglichen* gibt uns bezüglich der metaphysischen Standortbestimmung maximale Freiheit an die Hand. Atheisten, Mystiker, Heilige, Kommunisten, Demokraten, Esoteriker, alle sollten sie das System in seiner *formalen* Natur annehmen können, um es wie ein Instrument auf Tauglichkeit zu prüfen und es möglicherweise dort, wo es sich als nützlich erweist, schätzen zu lernen. Wenngleich also nicht behauptet werden soll, mit den formalontologischen Kategorien die Grundkategorien des Seins entdeckt zu haben, so ist dieser Anspruch dennoch auch nicht ausdrücklich zu verwerfen. Würde ein solcher Anspruch erhoben werden, so würde er eine spezielle *Interpretation* der formalen Ontologie darstellen.

In gewissem Sinne kann die formale Ontologie als der Versuch angesehen werden, den Naturwissenschaften in der instrumentellen Anwendung der Mathematik etwas Vergleichbares in Anwendung auf die Geisteswissenschaften und letztlich sogar auf die Wissenschaften insgesamt zur Seite zu stellen. Denn auch die reine Mathematik kümmert sich wenig um die Anwendung ihrer Begriffe. Und diese Praxisferne führt gerade nicht dazu, dass die mathematischen Begriffe gänzlich nicht anzuwenden wären, sondern im Gegenteil: Der ungeheure Erfolg der mathematischen Naturbeschreibung kann am Anfang des 21. Jahrhunderts nur schwer geleugnet werden. Und insbesondere die Entwicklungen der modernen Quantenmechanik oder der allgemeinen Relativitätstheorie haben gezeigt, dass mathematische Theorien, zunächst um ihrer selbst willen entwickelt, mit einem Male reichhaltigste Anwendungen erhalten können.

Wie in der Mathematik haben wir es also mit einem System des reinen Denkens zu tun. Nur so ist es uns möglich, das System der formalontologischen Kategorien in aller Klarheit und Schönheit zu entwickeln. Und im Vergleich zur Logik könnte man sagen, die formale Ontologie verhält sich zur Metaphysik wie die Logik zur Erkenntnistheorie. So wie die Logik nicht klärt, was Wahrheit ist, so klären wir in der formalen Ontologie nicht was ist, sondern wie sich über mögliches Sein reden lässt. Das Problem jeder formalen Ontologie besteht also darin, eine möglichst angemessene Weise eines solchen Redens zu entwerfen. Der hier vorgestellte Versuch stellt ein S y s t e m einer formalen Ontologie dar. Da die Kategorien nach einem einheitlichen und als notwendig verstandenem Prinzip auseinander entwickelt werden.

Dieses System ist d i a l e k t i s c h insoweit durch Synthese von zunächst zwei gegensätzlichen kategorialen Begriffen neue Begriffe erzeugt werden. Dies sollte man jedoch nicht zu schematisch verstehen – wenngleich der Begriff „Dialektik" nur allzu leicht dazu verführt – da es *im einzelnen* zu zeigen sein wird, wie diese Begriffe auseinander hervorgehen, und inwieweit das dialektische an ihnen als *begriffliche Vermittlung* zwischen zunächst als gegensätzlich erscheinenden Begriffen zu verstehen ist. Das System ist zudem k o m p l e m e n t a r i s c h , da die Gegensatzpaare sich Zunächst ausschließende ergänzende Aspekte dessen, was in Betracht kommt, darstellen. Diese komplementären Begriffspaare bilden eine k a t e g o r i a l e   D i m e n s i o n ,   i n   d e m   S i n n e   a l s   d i e   v e r s c h i e d e n e n   B e g r i f f s p a a r e   a l s   v o n   e i n a n d e r   u n a b h ä n g i g e   B e s t i m m u n g s g r ö ß e n   v e r s t a n d e n   w e r d e n .   D i e s e s   *d i a l e k t i s c h e   S y s t e m*   a l s o ,   w e l c h e s   d u r c h   *k o m p l e m e n t a r i s c h e   B e g r i f f s d i m e n s i o n e n*   a u f g e s p a n n t   w i r d ,   e b e n s o   w i e   d i e   d a z u -

gehörige *Methode* wollen wir im folgendem *forma-lontologisch* nennen.

2.1.3 Weiterführende Möglichkeiten des Systems

Die wissenschaftliche Tätigkeit ist in gewissem Sinne paradox. Denn an der Grenze von Wissen und Nichtwissen angesiedelt, ist sie eigentlich daraufhin angelegt, sich selbst überflüssig zu machen. Wird sie dem Anspruch gerecht, Wissen hervorzubringen, so markiert fortan dieses Wissen, insoweit es als gesichert gilt, einen Bereich, der für weitere wissenschaftliche Betätigung nicht mehr von Interesse ist. In diesem Sinne strebt auch die Philosophie nach einem Ende ihres beschwerlichen Weges durch steinige Höhen und dünne Luft. Es ist also beruhigend und beunruhigend zugleich, wenn wir feststellen, dass mit den Ideen zu einer formalen Ontologie das Ende der Philosophie, als Ende des stetigen Grübeln-Müssens, noch lange nicht in Sicht ist, ja im eigentlichen Sinne die Philosophie noch nicht einmal begonnen hat. So wird das Ansteigen des Weges für uns umso schmerzlicher, wenn wir feststellen, dass die formale Ontologie in ihrer hier dargestellten Form für uns nur den Vorhof philosophischen Denkens darstellt. Sie stellt, ihrer wesentliche Aufgabe entsprechend, ein formales, begriffliches Organon bereit, welches für die Philosophie lediglich eine Propädeutik liefert bzw. als Philosophie unter Vorbehalt ihrer Relevanz angesehen werden kann.

Das formalontologische Denken ist, wenngleich nicht metaphysisch, so doch ontologisch, da es sich zur Aufgabe setzt, Sein zu untersuchen, insoweit es sein könnte. In diesem Sinne allein werden wir im folgenden von Sein oder Seinsheit sprechen. Der Abstand von allem, was der Fall ist, setzt bereits voraus, dass es sich um ein formalisierendes Denken handeln muss. Die Begriffe werden also dem theoretischen Anspruch nach unabhängig davon entwickelt, wie sie sich anwenden lassen, wenngleich ein solches Denken natürlich immer die Zielscheibe möglicher Anwendungen benötigt. Dies ist auch die Aufgabe der Beispiele, die sich im folgenden Text finden. Diese geben auch Zeugnis dafür ab, dass die formale Natur unserer Kategorien es im günstigsten Falle möglich macht, dieses System auf so ziemlich alles anzuwenden, was für das wissenschaftliche Fragen in Betracht kommen kann. Es ließe sich die formale Ontologie somit nicht nur als ein Kategoriensystem der Philosophie interpretieren, sondern auch als ein solches etwa der Soziologie, der Psychologie oder der kunstgeschichtlichen Analyse.

Vom propädeutischen Standpunkt aus betrachtet gibt es zwei Seiten, wohin sich das weitere Denken wenden kann, gewissermaßen eine absteigende und eine aufsteigende. In der absteigenden Denkbewegung sollte es möglich sein, die hier entwickelten Begriffe dazu zu gebrauchen, alles das, was der Mensch als Kultur hervorgebracht hat, auf eine neue Weise zu untersuchen und in Zusammenhang zu bringen. Dabei sei besonders auf die Analyse der Kulturgeschichte der Menschheit hingewiesen, die dafür einen reichhaltigen Fundus an Tatbeständen bereit hält. Dies würde freilich unter der Prämisse geschehen, dass die formalontologische Begrifflichkeit es vermag, dem Menschen in seiner kulturellen Existenz gerecht zu werden. Damit wenden sich die formalontologischen Kategorien aber zu Kategorien der menschlichen Kultur, womit die metaphysische Neutralität der formalen Ontologie durchbrochen ist. Gelingt es dieser Begrifflichkeit, die Phänomenologie der menschlichen Kultur auf fruchtbringende Weise auszudeuten, indem sie als heuristisches Prinzip wirkt und darüber hinaus als Kategorisierungsleitfaden dient, so ist das nicht nur ein Beweis für die Nützlichkeit der formalontologischen Kategorien, sondern gleichfalls pragmatische Evidenz für die nun endlich zur Debatte stehende metaphysische Interpretation unserer Kategorien und die Richtigkeit der hinzugetretenen metaphysischen Prämissen. Denn solcher bedarf es, um ein formalisiertes Denken auf eine Weise anzuwenden, dass diesem für das, was wirklich ist, relevante Aussagen entspringen. Dies aber ist genau der Weg, wie es naturwissenschaftliche Theorien über ihren instrumentellen Charakter hinaus schaffen, *metaphysischen Glauben auf sich zu ziehen.*

Man mag einwenden, dass durchaus aus falschen Prämissen richtige Schlüsse gezogen werden können. Wenn ich etwa als eine Prämisse nehme (1) *„Die Erde ist eine Scheibe endlicher Ausdehnung. "* und (2) *„Sie ruht auf einem Ozean. "* so lässt sich daraus folgern: (3) *„Wenn man sich mit konstanter Geschwindigkeit geradlinig auf auf der Erde fortbewegt, wird man nach endlicher Zeit die Küste erreichen. "* Diesen Schluss würden wir sicher als wahr gelten lassen, keinesfalls aber deswegen auch die Prämissen. Dennoch impliziert jede Prämisse, allein weil sie falsch ist, die Gültigkeit einer wahren Prämisse. Denn ist eine Prämisse falsch, so besteht sie aus einer ungültigen, d.h. nicht wahrheitsgemäßen Verknüpfung von Begriffen. Damit eine Verknüpfung von Begriffen aber nicht wahrheitsgemäß sein kann, dürfen die Begriffe nicht sinnlos sein. Andernfalls wäre die Prämissen damit nicht *falsch*, sondern *sinnlos*. Wählen wir nun wahre Prämissen, aus denen sich ebenfalls der Schluss (3) ziehen lässt: (1') *„Die Erde ist ein Objekt endlicher Ausdehnung und bietet eine begehbare Oberfläche"* (2') *„Jede Landfläche ist von Landfläche umgeben. "* Unsere Prämissen (1') und (2') können nämlich als Sätze verstanden werden, welche Termini in den ursprünglichen Prämissen bestimmen, wodurch diese als nicht sinnlos angesehen werden können. Dies ist aber Voraussetzung dafür, dass die Sätze überhaupt falsch sein können. (1') ließe sich als Definition für den Begriff „Erde" verstehen, während (2') erklären könnte, welche Bedingung eine Wasserfläche zu erfüllen habe, wenn sie als Ozean zu bezeichnen ist. Nur in dem Maße, als diese Prämissen als wahr angesehen werden können, kann dies auch der Schluss (3) sein. Die modifizierten Prämissen (1') und (2') sind Aussagen höheren Abstraktionsgrades, d.h. sie sagen über ihre Subjekte weniger aus, als die ursprünglichen Prämissen. Damit können die Prämissen (1) und (2) und die entsprechend korrigierten „wahren" Prämissen als Spezialfälle der Prämissen (1') und (1') verstanden werden.

Es ist fraglich, ob daraus der Schluss zu ziehen ist, dass allgemeinste mögliche Prämissen zur Erklärung eines empirisch vorgefundenen Sachverhaltes zwangsläufig richtig sein müssen. Solange dies nicht gezeigt ist, muss die oben genannte Evidenz in der Tat als *rein pragmatisch* angesehen werden.

Die andere, die aufsteigende Seite, wohin sich das Denken wenden kann, ist die der eigentlichen Philosophie. Hier gälte es in den Bereichen *philosophische Anthropologie*, *Ontologie*, *Ästhetik* und *Ethik* Stellung zu beziehen, wenngleich es fraglich ist, ob es nicht vielmehr Aufgabe der Philosophie ist, *Glaubensmöglichkeiten* zu offerieren, als *Glauben durch ein rationales System zu säkularisieren*. Was wir im folgenden versuchen ist also weder Metaphysik, noch deren Verwerfung, sondern etwas, was Metaphysik sein könnte bzw. je nachdem, welche zusätzlichen Aussagen hinzugenommen würden, zu einer entsprechenden speziellen Metaphysik werden würde.

2.2 Das System im Einzelnen

2.2.1 Subsistenz und Relation

(I) Allem, was in Betracht kommt, kann ein gewisses Maß an Selbständigkeit oder Subsistenz zugesprochen werden. Es ist weder denkbar noch sinnvoll anzunehmen, dass es etwas geben könnte, dem Subsistenz gänzlich abzusprechen ist, denn eine solche Seinsheit wäre ganz und gar nicht. Dennoch unterscheiden sich die Seinsheiten in ihrem Grad an Subsistenz, und verglichen mit anderen Seinsheiten kann eine als abhängig, also im gewissen Sinne als nicht selbständig oder nicht subsistent in Betracht kommen. Eine solche Seinsheit wollen wir im folgenden Relation nennen. (II) Seinsheiten sind also Relationen, insoweit sie also in Abhängigkeit von anderen Seinsheiten überhaupt erst sind. Sie sind also *Funktionen anderer Seinsheiten*.

Relation ⟵――――――⟶ Subsistenz

Abbildung 1 Die Dimension der kategorialen Basis: Subsistenz und Relation als komplementäre Partner

Subsistenz und Relation (II) stellen die ersten beiden Kategorien unseres *formalontologischen Systems*: dar, welche wir im folgenden kategoriale Basis nennen wollen (Vgl. Abb. 1).[10] Dabei ist es nicht notwendig anzunehmen, dass demjenigen, welches wir subsistent nennen, *letztendliche Subsistenz* zukommt. Und in diesem Sinne ist es durchaus möglich, das gleiche Seiende einmal als subsistent und ein anderes Mal als Relation anzusprechen.

Wie in den einleitenden Kapiteln bereits angedeutet, handelt es sich bei den Begriffen „Subsistenz" und „Relation" um *komplementäre Begriffe*, die zusammen genommen, also als Begriffspaar, das Sein in seinen Seinsheiten *vollständig* ausmessen. Vollständigkeit meint hierbei nicht, dass die Begriffe alles Sein vollständig aussagen, Sein und Begriff also *identisch* sind, sondern dass es kein Sein gibt, welches nicht in irgend einer Form unter diese Begriffe zu fassen ist. Der Anspruch auf Vollständigkeit mag zunächst vielleicht anstößig erscheinen; er ist aber eigentlich nicht weiter bemerkenswert, weil die

---

[10] Die Reihenfolge der Entwicklung dieser kategorialen Begriffe ist rein formal auch umkehrbar, jedoch wird mit Rücksicht auf das die formale Ontologie überschreitende Denken genau diese Reihenfolge gewählt.

zweite Kategorie der Relation ja durch die Verneinung der ersten entsteht. Vollständigkeit läge demnach auch schon bei dem Kategorienpaar „Haus" und „Nicht-Haus" vor. Eine solche Kategorisierung hätte freilich den Nachteil, dass unter der ersten Kategorie nahezu nichts fällt, während unter der zweiten nahezu alles, während mit den Kategorien Subsistenz und Relation zwei Kategorien vorliegen, die zumindest in ihrem philosophiereflexiven Gebrauch etwa gleich mächtig sein dürften. Bemerkenswerter ist die Komplementarität. Diese ist so zu verstehen, dass jedem Seienden in je eigenem Maß *beide* Aspekte einer kategorialen Dimension zukommen können. Wenn wir uns in den Denkgewohnheiten des Alltagsverstandes etwa überlegen, wie ein *Stein* in die kategoriale Basis einzuordnen ist, so würden wir zunächst einmal sagen, der Stein ist etwas sehr Beständiges und deswegen eine subsistente Seinsheit. Derselbe Stein auf der Oberfläche der Sonne würde aber diese Subsistenz umgehend verlieren, da er in *Abhängigkeit* von seiner Umwelt sofort verdampfen würde, so dass auch er in Abhängigkeit von anderem Sein erkennbar wird.

Die kategoriale Basis von Subsistenz und Relation kann man verstehen als die wissenschaftliche Formulierung der Alltagsmetaphysik, von welcher wir tagtäglich Gebrauch machen, etwa wenn wir fragen: „Wer ist an der Besprechung beteiligt und in welchem Dienstverhältnis stehen die Beteiligten zueinander?" oder „Welche Einrichtungsgegenstände brauchen wir für das Schlafzimmer und wie wollen wir sie arrangieren?". Denn, vereinfacht gesprochen, sind es eben die *Dinge und ihre Beziehungen* – ob tatsächlich vorhanden oder nur gedacht – welche Wirkliches ausmachen, für uns oder an sich, oder welchen Wirklichkeitsgrad wir auch immer annehmen wollen. Und es ist darüber hinaus nichts weiter denk- oder annehmbar, was dem etwas grundsätzlich Andersartiges hinzufügen würde. Dies entspricht der Einsicht, dass jede Seinsheit ein gewisses Maß an Selbständigkeit besitzen *muss*, und darüber hinaus in Abhängigkeit von anderen Seinsheiten sein *kann*.

Von *Dingen und Beziehungen* zu sprechen ist deswegen eine Vereinfachung, weil es im formalontologischen System ja nicht ausgemacht ist, welches der ontologische Status der Seinsheiten ist, von denen gesprochen wird. Zunächst einmal ist alles gedacht, und wir können Seinsheiten als reale Dinge denken oder als bloße Konstruktionen unseres Geistes, die sich in Auseinandersetzung einer uns fremden Welt als nützlich erweisen, oder als sonst irgendetwas, Bezüglich der Relationen ist es noch nicht einmal geklärt, ob es sie im eigentlichen, also im metaphysischen Sinne überhaupt gibt. Über solche Fragen schweigt die formale Ontologie *als* Formalwissenschaft gänzlich.

Bevor wir nun die weiteren formalontologischen Kategorien entwickeln, wollen wir zunächst einmal sehen, wie sich die Begriffe *Subsistenz* und *Relation* anwenden lassen. Unter einer *Anwendung* unserer kategorialen Begriffe verstehen wir zunächst nichts weiter, als andere philosophische Begriffe unter diese zu fassen:

Es ist bezeichnend für die formale Ontologie, dass sie anstatt des traditionell metaphysischen Begriffes der *Substanz* den Begriff der *Subsistenz* als kategorialen Begriff wählt. Natürlich wäre jede Art der Substanz unter der Kategorie der Subsistenz zu fassen, d a   s i c h

Substanz verstehen lässt als ein absolut subsistenter, also vollkommen beständiger und unveränderlicher Grund des Seins. Demnach ist Substanz ein möglicher Fall von Subsistenz, eben der einer *absolut* gesetzten, also einer *unbedingten* und *unzerstörbaren*.

Ebenfalls als Subsistenz anzusprechen ist das, was in der philosophischen Tradition als Substrat bezeichnet wird, also dasjenige, was beständige Grundlage für etwas ist, ohne dabei gänzlich subsistent zu sein. Denn das Substrat ist im Vergleich zu dem, was es trägt subsistent, wie etwa in der Chemie Wasser das Substrat einer wässrigen Lösung ausmacht, da diese nur auf Grundlage von Wasser sein kann, während die Lösung durch das Verhältnis des Wassers zu einem anderen, gelösten Stoff entsteht. Ebenfalls ist es möglich, die Sprache als ein oder sogar *das* Substrat menschlicher Kultur anzusehen, da ohne Sprache keine Verständigung möglich wäre, die ein gewisses Maß an beständiger geistiger Ordnung zu schaffen vermag.

Auch die Begriffe Vermögen und Wirken, oder Möglichkeit und Entfaltung derselben, welche auch weitgehend den Begriffen *Potenz* und *Akt* entsprechen, lassen sich in unser Schema einordnen. Fragen wir nämlich etwa bei einem Apfel, ob er auch im Dunkeln grün ist, so lautet die Antwort: dem *Vermögen* nach ja und dem *Wirken* nach nein. Da das verwirklichte Grünsein aber das Vermögen zum Grünsein voraussetzt, ist es klar, dass das Vermögen gegenüber dem Wirken *subsistent* ist, während das wirkende Grün, also das durch Lichteinfall Grün-Erscheinen, in Abhängigkeit vom Apfel wie der Lichtquelle ist, zusätzlich in Abhängigkeit vom sehenden Auge in Betracht kommt, alles in allem also eine Relation darstellt.

Nimmt man die Unterscheidung von „Einzelding" und „Welt als Ganzem" hinzu, so lässt sich der Begriff der „Möglichkeit" weiter differenzieren. Fragt man nach den Möglichkeiten der Einzeldinge, so geht es dabei um *wirkliche Möglichkeiten*, so wie ich die Möglichkeit habe, mit dem Auto zu verreisen, oder mit dem Zug. Betrachte ich dagegen die Welt als Ganzes und frage nach den Möglichkeiten einer solchen, so sind es *mögliche Wirklichkeiten*, die in Betracht kommen.

An dieser Bemerkung zeigt sich auch, dass die Begriffe „Möglichkeit" und „Wirklichkeit" im Grunde genommen in der kategorialen Basis enthalten sind. Dennoch sind sie nicht so einfach, dass sie hier als kategorische Begriffe brauchbar wären, allein schon, weil erst die Zuhilfenahme der Unterscheidung von „Einzelding" und „Welt als Ganzes" eine angemessene Präzisierung des Begriffes „Möglichkeit" lieferte. „Einzelding" und „Welt als Ganzes" sind aber Bestimmungen, die unter den folgenden Kategorien (III) und (IV) zu fassen sind. Im nächsten Kapitel werden wir hierzu allgemein die Subkategorien von Ganzem und Teil besprechen.

Damit haben wir zum ersten Mal in der Vorwegnahme der beiden nächsten Kategorien durch Kombination kategorischen Begriffe neue Begriffe gewonnen. Indem wir nämlich die Begriffe Ganzes und Teil in Hinsicht auf „die Welt" einerseits und die Begriffe „Möglichkeit" und „Wirklichkeit" als Subkategorien von *Subsistenz* und *Relation* andererseits miteinander kombinierten, kamen wir zur Unterscheidung von „wirkliche Möglichkeiten" und „möglichen Wirkliche". Ein solches Vorgehen wird uns im folgenden Text noch öfters begegnen. Insoweit sich die neuen Begriffe dabei auf die Kategorien in ihrer ganzen Allgemeinheit beziehen, handelt es sich bei ihnen nicht einfach um kategoriale Unterordnungen, sondern um eine äquivalente Darstellung derselben, die sich in einem gegebenen Zusammenhang als brauchbarer erweisen kann.

Was die Begriffe „Möglichkeit" und „Wirklichkeit" anbelangt, so sei zugestanden, dass die formale Ontologie nicht ohne diese zu erklären ist, sie also möglicherweise ebenfalls nicht als einfache Unterordnungen der Kategorien *Subsistenz* und *Relation* zu verstehen sind. Deswegen könnte es sein, dass sich auf Grundlage dieser Begriffe ein alternativer Zugang zur formalen Ontologie finden lässt.

Die nun folgenden abschließenden Notizen sind, wie auch bei den folgenden Kapiteln, im wesentlichen technischer Natur und können als Einschub verstanden werden. Es werden weder neue Begriffe eingeführt, noch irgendwelche Inhalte geliefert, die für die formale Ontologie von theoretischer Bedeutung sind. Es soll lediglich eine den formalontologischen Begriffen entsprechende *Zeichensprache* entwickelt werden. Da der Mensch nun mal ein auf seine Sinne angewiesenes Wesen ist, und er Sachverhalte viel leichter verstehen kann, wenn er sich zugleich dabei etwas vorzustellen vermag, ferner aber die *formale Ontologie* doch alles in allem eine recht abstrakte Angelegenheit ist, schadet es nicht, ein paar Zeichen zu vereinbaren, mit Hilfe derer sich formalontologische Sachverhalte bequem darstellen lassen. Dabei kann die graphische Darstellung selbstverständlich in keiner Weise die begriffliche Arbeit ersetzen; sie bedeutet ebenso viel bzw. ebenso wenig, wie die Zeichnung eines Funktionengraphen in der Mathematik.

Wir werden in der formalontologischen Zeichensprache *subsistente Seinsheiten* durch *Kreise* bzw. durch andere geschlossene Figuren wie *Ovale* oder *Quadrate*, ggf. auch durch Text darstellen, und *Relationen* durch *Striche*. Bei den Relationen haben wir zwischen ein-, zwei- und mehrstellige Relationen zu unterscheiden. Die für eine Relation stehenden *Striche* enden bei den Seinsheiten, von denen sie abhängen. Bei ein- und zweistellige Relationen genügt also ein einfacher Strich, während drei- und mehrstellige durch *Sterne* dargestellt werden (Vgl. Abb. 2).

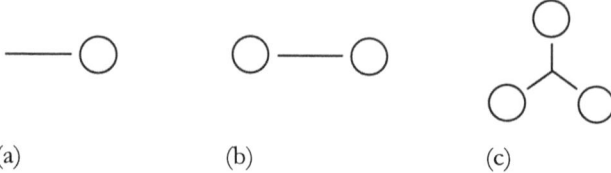

(a)   (b)   (c)

Abbildung 2 Subsistenzien und Relationen: (a) eingliedrige Relation (b) zweigliedrige Relation (c) dreigliedrige Relation

Obwohl damit noch „fast nichts" von der formalontologischen Begrifflichkeit umgesetzt ist, können damit bereits einfache Strukturen dargestellt werden, so z.b. *sternförmige* und *ringförmige* Netze, wie man sie etwa in der Informationstechnologie findet.

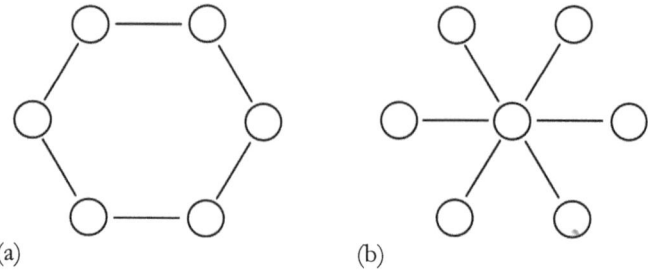

(a)   (b)

Abbildung 3 (a) ringförmiges Netz (b) sternförmiges Netz

2.3 Metahorizont und Subhorizont

Um dem natürlichen Pfad des Systems zu folgen, stellen wir die Frage: Wie v e r h a l t e n sich S u b s i s t e n z und R e l a t i o n z u - e i n a n d e r b e z ü g l i c h S u b s i s t e n z ? Wenn also eine subsistente Seinsheit, so fragen wir danach, wie dieses *In-Beziehung-Treten* in Hinsicht auf die Subsistenz der Seinsheit zu beurteilen ist.

Etwas umgangssprachlich formuliert heißt diese Frage nichts weiter als folgendes: Wenn wir Subsistenz und Relation als Grundelemente dessen ansehen, was in Betracht kommt, welches der beiden ist dann „stärker"? Schafft es „die Subsistenz", „Relation" für sich zu vereinnahmen, wird also „Subsistenz" durch „Relation" gewonnen, oder ist es umgekehrt so, dass die „Subsistenz" durch „Relation" gemindert wird.

In diesem Schritt wird die bisherige Theorie im gewissen Sinne gegen sich selbst gewendet, indem nun nach der *Beziehung* von *Subsistenz* und *Relation bezüglich Subsistenz* gefragt wird. Dies führt jedoch nicht, wie man bei anderen philosophischen Theorien befürchten muss zur Aufhebung der Theorie, sondern erweist sich gerade als fruchtbringendes Prinzip. Wenn ich etwa den Skeptizismus gegen sich selbst wende, oder die Poppersche Erkenntnistheorie, ja sogar die Resultate der „Kritik der reinen Vernunft", so steht am Schluss immer die bange Frage, ob sich damit die Theorie nicht selbst widerlegt *(Retorsion)*. Dennoch sollte unser Triumph nicht zu voreilig ausgerufen werden, da wir uns mit der Theorie ja im propädeutischen Stadium befinden, ihre Resultate also noch keinerlei Urteilsgeltung besitzen und deswegen im Sinne eines Urteils auch noch gar nicht gegen sich gewendet werden können.

Die oben gestellte Frage lässt uns zwei mögliche Antworten. Und da es uns in der formalen Ontologie nicht darum gehen soll, zu klären, was der Fall ist, also welche Antwort in Bezug auf *bestimmte* Seinsheiten oder *ganz allgemein* die richtige ist, sollen uns diese beiden *möglichen* Antworten unsere nächsten beiden formalontologischen Kategorien definieren, welche als K a t e g o r i e n d e r e r s - t e n V e r m i t t l u n g bezeichnet werden sollen:

(III) S e i n heißt m e t a h o r i z o n t a l i n s o w e i t d u r c h R e - l a t i o n e n S u b s i s t e n z g e w o n n e n w i r d.

(IV) S e i n heißt s u b h o r i z o t a l, i n s o w e i t n i c h t d u r c h R e l a t i o n e n S u b s i s t e n z g e w o n n e n w i r d. [11]

Sprechen wir nun ein metahorizontal Seiendes als *subsistent* an, so nennen wir es M e t a h o r i z o n t, und entsprechend ein subhorizontal Seiendes als S u b h o r i z o n t.

Diese zunächst quantitativ klingende Sprechweise von „gewinnen" soll zunächst im Sinne eines qualitativen Vergleiches verstanden werden, Wobei die grundsätzliche Möglichkeit quantitativer Modellentwicklung nicht ausgeschlossen zu werden braucht.

---

[11] Diese Begriffswahl ist rein entstehungsgeschichtlich begründet und möglicherweise nicht ganz glücklich, da kontraintuitiv. Sie ergab sich in einem Zusammenhang, in welcher der Begriff „Metahorizont" als etwas formal Übergeordnetes gebraucht wurde. Es stellt sich aber die Frage, welche Begriffe man statt dessen Wahlen sollte: „Oberheit" und „Unterheit"?

In Bezug auf die Charakterisierung des Systems als *dialektisch* kann der Begriff *metahorizontales Sein* als *Synthese* der Begriffe der kategorialen Basis Subsistenz und Relation verstanden werden. Wiederum könnte rein formal auch die Kategorie subhorizontales Sein als drittes eingeführt werden. Die gewählte Reihenfolge wird ebenfalls mit Hinsicht auf die weitere Denkentwicklung und aus ästhetischen Gründen gewählt, Darüber hinaus kann man noch argumentieren, dass die vierte Kategorie ja wieder in gleicher Weise wie die zweite durch *Vereinigung* ihres komplementären Partners entsteht, demnach (II) Relation und (IV) Subhorizont(al) als *Antithese* zu (I) Relation bzw. (III) Metahorizont verstanden werden können, während letztere dann als *These* bzw. *Synthese* anzusprechen sind (Abb. 4).

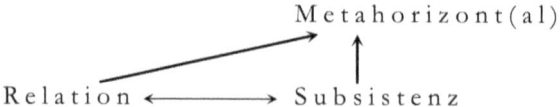

Abbildung 4 Die dialektische Triade von Subsistenz, Relation und Metahorizont

Die Definition (IV) als Negation der Definition (III) haben wir aus Gründen der formalen Stringenz gewählt. Dennoch hat sie den Nachteil, dass sie nicht zum Ausdruck bringt, was wir im *eigentlichen Sinne* unter dem *subhorizontalen Prinzip* verstehen wollen. Deswegen ergänzen wir:

(IV') Sein heißt *eigentlich subhorizontal*, insoweit Subsistenz durch Relationen eingeschränkt wird.

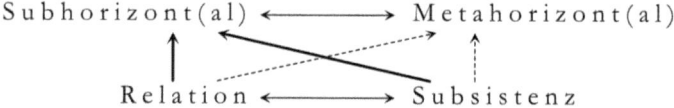

Abbildung 5 Die ersten beiden Dimensionen des formalontologischen Systems. Die Kategorie Subhorizont fungiert als eine der Kategorie Metahorizont entgegengesetzte Vermittlung zwischen Subsistenz und Relation

Entsprechend reden wir von *eigentlichem* und *uneigentlichem* Subhorizonten, was man an späteren Beispielen sehen wird. Wie man sieht, ist alles eigentlich subhorizontale Sein auch im allgemeinen Sinne subhorizontal, aber die Umkehrung gilt natürlich nicht! Des weiteren reden wir schlicht von einem Horizont, als von einer Beziehungseinheit, also einer Seinsheit, insoweit sie subsistiert und in Beziehung steht, demnach also entweder als Metahorizont oder Subhorizont in Betracht kommt. Betrachtet man das *Verhältnis* zweier Hori-

zonte, *durch welche diese erst die entsprechenden Horizonte sind*, so lassen sich folgende Relationen unterscheiden:
Eine Relation zwischen *Metahorizont und Metahorizont* heißt *dialogisch*.
Eine Relation zwischen *Metahorizont* und *Subhorizont* heißt *herrschend*, bzw. *beherrschend*.
Eine Relation zwischen *Subhorizont* und *Subhorizont* heißt *physisch*.

Diese Begriffswahl soll ein wenig erläutert werden. Für die *dialogische Relation* stand
der „herrschaftsfreie", ideale Dialog zweier Menschen Pate. In einem solchen kommt
es durch die Beziehung zu beidseitiger Selbstverwirklichung. Beide sind also gerade
durch ihren Bezug zueinander Metahorizont. Bei der *herrschenden Relation* ist diese
Selbstverwirklichung eine einseitige Angelegenheit des Herrschenden. Bei der *physischen Relation* schließlich war das Gezwungensein stofflicher Entitäten durch ihren
Bezug zueinander namensgebend. Aber auch im Zwischenmenschlich kann man sich
so etwas denken, etwa die leidenschaftliche und als unfrei verstandene Verbindung
zweier obsessiv Liebender.

Strenggenommen muss man bei zweistelligen Relationen zweier Seinsheiten die
Reihenfolge[12] der Subsistentien, also der subsistenten Seinsheiten berücksichtigen. Dies würde die Unterscheidung zwischen *herrschender* und *beherrschender* Relation liefern. In der Praxis genügt es oft, diese als die „beiden Enden"
einer Relation zu verstehen. Im Falle einer herrschenden Relation liegt dies daran, dass
die Relation eine eindeutige *Symmetrie* besitzt, man also durch die
Kenntnis der Relation von A zu B auch die entsprechende
Relation von B zu A kennt. Im Allgemeinen ist dies natürlich nicht der
Fall, wie man etwa anhand der Relation „ist verliebt in" sieht. Aus dieser Bemerkungen wird ersichtlich, wie man sich vom formalontologischen Denken der Mathematik
nähern kann, da die hier gefundene Sprache über Relationen enge Verwandtschaft
zum Relationenkalkül der modernen Mengentheorie besitzt.

Es empfiehlt sich ferner, folgende Sprechweise einzuführen: Wir
sagen, A ist ein Horizont (der Subsistenzkennung) B, um mit
B anzugeben, was wir im Falle in der Definition von
Subhorizont bzw. Metahorizont unter *subsistent*
verstehen. Die Subsistenzkennung gibt also an, welche Art von
Subsistenz durch Relationen gewonnen oder eingeschränkt wird.
Warum wir so vorgehen, wird anhand der folgenden Beispiele und
der weiteren Begriffsentwicklung deutlich.

In Hinsicht auf *Komplementarität* und *Vollständigkeit*, insoweit sich
die Subsistentien auf einander beziehen, gilt das gleiche was zu den
Kategorien (I) Subsistenz und (II) Relation festgestellt wurde.

Als erstes Beispiel wollen wir dazu als einen *Metahorizont* den Begriff des *Ganzen* nennen. Dabei ist das Ganze als eine Unterkategorie des Begriffes „Metahorizont" zu verstehen, und zwar als ein
Metahorizont, insoweit seine Subsistenz *allein*
durch Relationen gewonnen wird. Insoweit etwas also ein

---

[12] Für folgende Überlegungen mag wichtig sein, dass *Reihenfolge* im Grunde genommen selbst relationalen Charakter hat.

Ganzes ist, besitzt es keine Subsistenz, außer derjenigen, die es durch den Bezug der Teile bzw. durch deren Subsistenz hat. Denken wir etwa an ein Auto. Es besteht aus einer Vielzahl von Teilen, unterscheidet sich aber von einem *Haufen seiner Teile* dadurch, dass jenem gegenüber diesem ein bedeutend *höheres Maß an Subsistenz* zukommt. Warum dies so ist, wird am deutlichsten, wenn man verschiedene Unterordnungen der Kategorie „Subsistenz" heranzieht.

Denn wir sprechen in diesem Falle zwar von dem Auto als einem Ganzen, also einem Metahorizont, haben aber verschiedene Möglichkeiten, was in diesem Falle in der Definition des Begriffes Metahorizont unter *subsistent* zu verstehen ist. Zum einen sind die Teile so zusammengefügt, dass das dabei Entstehende im stofflichen Sinne beständig, also stabil ist. Wir denken etwa an Schrauben, die an richtigen Orte sitzen, deren räumlicher Bezug also von der Art ist, dass sie der Festigkeit des Ganzen dient. Oder wir denken an Schweißnähte, die, da sie nur in Abhängigkeit von den Teilen sein können, die sie verbinden, selbst der Definition der Relation genüge leisten können, wenngleich sie dennoch nicht ohne stoffliches Substrat auskommen. In diesem Sinne sprechen wir vom Ganzen des Autos als von *einem Metahorizont der Gegenständlichkeit*. Dabei soll unter *Gegenständlichkeit* verstanden werden, d a s s   m a n   m i t   e t w a s , anders als mit einer Ansammlung von Teilen, a l s   *e i n e r*   s t o f f l i c h e n E i n h e i t   u m g e h e n   k a n n . Gegenständlichkeit ist dabei die zum Metahorizont gehörende Subsistenzkennung.

In dem Maße und dadurch, dass das Ganze des Autos an Subsistenz gewinnt, d.h. *zum Gegenstand wird*, verlieren die Teile diese notwendig. Denn ich kann mit Auto nur dann als stoffliche Einheit umgehen, wenn mit den Teilen eben nicht auf gleiche Weise möglich ist können wir das Auto zerlegen, und so den Teilen ihre als Gegenstände wieder schenken, doch wird das Ganze und damit der Gegenstand des Autos zerstört.

Wir können aber ein Auto auch ansehen als einen *Metahorizont des Vermögens*, und damit das Auto unter einer anderen Subsistenzkennung in Betracht ziehen. Denn die Teile sind nicht nur so angeordnet, dass das Ganze Gegenständlichkeit gewinnt, sondern auch so, dass ein neues, den Teilen an sich fremdes Vermögen entsteht, nämlich die Fähigkeit, Personen und Gepäck komfortabel zu transportieren. (Natürlich kann auch der Haufen der Teile, insoweit die Teile vollständig vorhanden sind, als Metahorizont des Vermögens angesprochen werden, kommt dem Haufen doch so das Vermögen zu, zu einem Auto zusammengesetzt werden zu können.) An diesem Beispiel wird deutlich, dass das metahorizontale Prinzip im Falle des Ganzen nicht mehr besagt, als der berühmte Spruch: „Das Ganze ist mehr (oder etwas anders) als die Summe seiner Teile", wobei im Sinne der formalen Ontologie zu ergänzen wäre: „insoweit es für uns in Betracht kommt".

Ebenso wie sich das „Ganze" als Metahorizont verstehen lässt, ist die Kategorisierung des „Teiles" als *Subhorizont* ersichtlich, da auf gleiche Weise, wie die Subsistenz des Metahorizontes gewonnen wird, der Teil sie verliert, ja gerade das Verhältnis von Teil und Ganzes dergestalt ist, dass das Ganze gerade darum an Subsistenz durch Relationen gewinnt, weil sie die Teile durch diese Relationen verlieren.

Die Begriffe Metahorizont und Subhorizont liefern uns sozusagen ein ontologisches „Oben" und „Unten". Dies ist ein wesentlicher Bestandteil ihrer Heuristik. Wir sprechen etwa von „höheren" kognitiven Funktionen und „niedrigeren". Ebenso von sozialer „*Unter*schicht" und „*Auf*steigern". So sehr diese Sprechweise verbreitet ist, so wenig gibt man sich in der Regel Rechenschaft darüber, was es mit dieser Metapher auf sich hat und warum man sie in so vielen Zusammenhängen verwendet. Sie leitet sich wohl aus der alltäglichen Erfahrung ab, nach welcher man von einem erhöhten Standpunkt „das Ganze" überblickt, das Ganze metaphorisch gesprochen also „höher" liegt als das Einzelne. Diese Erfahrung des „erhöhten Standpunktes" wird dann auf verschiedene sonstige Zusammenhänge übertragen, in denen es auch gar nicht mehr um das Verhältnis Ganzes/ Teil geht. Dieser *Analogie* versucht die formale Ontologie durch ihre Begrifflichkeit nachzuspüren, in der Überzeugung, dass das, was der Mensch aus einem natürlichem Empfinden als *ähnlich* empfindet, weswegen er sich der sprachlichen Analogie bedient, zu einer Fundamentalkategorie erhoben schon nicht das Unzutreffendste sein kann.

Als nächstes Beispiel wollen wir die Rolle von *Herrscher* und *Beherrschter* untersuchen. Ein Herrscher soll hierbei eine Person sein, welche einen Willen besitzt und diesen zu artikulieren vermag. Insoweit er herrscht ist er ein *Metahorizont des Willens*, da er seinen Willens dem Beherrschten aufzwingt. Er verwirklicht also seinen Willen in Bezug auf den Beherrschten. Ebenso wird die Subhorizont des Beherrschten, also sein *Wille durch* das Verhältnis zum Herrscher eingeschränkt, da er sich in seinem Willen dem Herrscher unterzuordnen hat.

Bei den bisherigen Beispielen war es immer so, dass sich Metahorizont und Subhorizont auf kanonische Weise ergänzt haben. Das heißt, der Metahorizont war deshalb Metahorizont, da er sich auf einen Subhorizont bezog, und umgekehrt. Der Herrscher kann eben nur dann Herrschen wenn es jemanden gibt, den er beherrschen kann. dass Metahorizont und Subhorizont nicht notwendig in solchen korrespondierenden Paaren auftreten, werden weitere Beispiele am Ende dieses Kapitels zeigen. Zunächst wollen wir die Fälle korrespondierender Zugeordnetheit von Metahorizont und Subhorizont durch einen eigenen Begriff würdigen:

Unter einer *Gestalt* verstehen wir eine Seinsheit, insoweit sie Metahorizont durch ‚herrschende Relationen ist. Man könnte also eine Gestalt als Metahorizont zweiter Ordnung bezeichnen, denn herrschende Relation heißt ja: Metahorizont und Subhorizont werden erst durch ihren Bezug als solche bezeichnet. Nun beziehen sich Metahorizont und Subhorizont aufeinander und bilden ihrerseits wieder *einen* Metahorizont, den wir *Gestalt* nennen wollen.

Veranschaulichen wir uns nun noch einmal an einem Beispiel was es mit dem Begriff „Gestalt" auf sich hat. Denken wir etwa an die Fassade des Kölner Doms. Bei einem ersten Blick werden wir die Fassade als ein Ganzes wahrnehmen, insoweit sie *für uns* als eine Einheit erscheint. Sodann können wir genauer werden, und bemerken, dass dieses Ganze eben aus Teilen gebildet wird, so aus den beiden Türmen und dem Westabschluss des Mittelschiffes. Die Türme aber können wieder in einzelne Stockwerke unterteilt, welche wiederum durch Fenster gegliedert werden. Ein Fenster nun wird durch eine spitzbogenartige Maueröffnung gebildet, die eine Wimperge trägt, und ist durch Maßwerk gegliedert. Im Maßwerk entdecken wir eine Rosette, der ihrerseits wieder Maßwerk in der Form eines Vierpasses einbeschrieben ist.

Bei dieser Schilderung, die noch ziemlich stark vereinfacht hat, haben wir die Fassade als etwas in Betracht gezogen, das sich durch die Begriffe „Ganzes" und „Teil" erschließt. Dabei haben wir stets Teile wieder als ein Ganzes genommen um weitere Teile zu unterscheiden. Das Verhältnis von Ganzem als Metahorizont und Teil als Subhorizont ist derart, dass die entsprechenden Horizonte erst durch ihre Relationen zueinander als solche anzusprechen sind. Anders ausgedrückt: Das Ganze ist nur deshalb ein Ganzes, weil die Teile durch Relationen zu diesem Ganzen eingeschränkt werden. Das Ganze steht zum Teil also in *herrschender* Relation. Ein Teil aus dem Ganzen herausgelöst ist eben kein Teil mehr, ebenso wenig bleibt das Ganze kein Ganzes, wenn man ihm die Teile nimmt, sondern wird zu *nichts*, weil es ja als Ganzes keine Subsistenz besitzt außer der, welche es als Metahorizont gewinnt.

Es sind also Unterkategorien von Metahorizont und Subhorizont, mit welcher wir uns die Struktur der Fassade erschlossen haben. Und insoweit wir ein uns Gegebenes durch die Begriffe Metahorizont und Subhorizont erschließen, und ferner das als Metahorizont und Subhorizont Bezeichnete erst im Bezug zueinander als solches zu bezeichnen ist, somit die Beziehung zwischen beiden herrschend bzw. beherrschend ist, sprechen wir also von „*Gestalt*". Oder kurz gesprochen: Gestalten sind Strukturen, insoweit sie hierarchisch aufgebaut sind.

Hieran anschließend wollen wir zwei weitere Begriffe einführen, den der *Gestalttiefe* und den der *dualen Gestalt*. Zunächst zum letzteren. Es ist zunächst einmal naheliegend Definition zu wählen: W i r sprechen von einer *strengdualen Gestalt*, insoweit diese durch zwei Horizonte gebildet wird. Eine Gestalt ist also ein Paar von Metahorizont und die in herrschender Relation zueinander stehen. Wo wir also über das Verhältnis von Herrschendem und Beherrschtem sprachen, sprachen wir über strengduale Gestalten. Wir wollen diesen Begriff erweitern, um etwa auch die Einheit von Ganzem und seinen Teilen darunter zu fassen. Denn es ist natürlich nicht so, dass zu jedem Ganzen nur ein Teil gehört ebenso wenig wie zu jedem Herrscher nur *ein Beherrschter* vorhanden sein muss. Wir wollen daher von einer *dualen Gestalt* sprechen mehrere Subhorizonte sich in Weise auf einen Metahorizont beziehen, so dass die jeweiligen Horizonte durch die Beziehung erst als solche anzusprechen sind. Damit lassen sich duale Gestalten auf den Fall der strengdualen Gestalt zurückführen, da bereits Relation zwischen Subhorizont und Metahorizont mustergültig für die entsprechenden Verhältnisse der anderen Subhorizonte ist.

Ein sehr simples Beispiel für eine *strengduale Gestalt* ist in einem einfachen, synthetischen Haupsatz gegeben. Nehmen wir etwa den Satz „Peter sieht Marianne". Zwei subsistente Seinsheiten „Peter" und „Marianne" stehen in einer Relation zu einander, die durch das Attribut „sehen" zum Ausdruck gebracht wird. Dabei in das grammatikalische Subjekt dasjenige, von welchem die Verwirklichung eines Vermögens ausgesprochen wird, weswegen es als Metahorizont angesprochen werden kann. Dies deutet bereits darauf hin, das Geistige als das wesenshaft Vermögensverwirklichende anzusehen, als dasjenige also, welches im Handeln überhaupt erst zu sich kommt, d.h. seine Subsistenz gewinnt. Das grammatikalische Objekt ist demgegenüber der – allerdings uneigentliche – Subhorizont.

Ein Satz ist genau dann *synthetisch*, wenn sein Aussagegehalt, also der Aussagegehalt des *ganzen* Satzes über die Elemente des Satzes hinausgeht. Der oben genannte Satz ist also deshalb synthetisch, weil der Begriff „Peter" nicht notwendig beinhaltet, Marianne zu sehen. Dagegen ist ein Satz *analytisch*, wenn er nur den Gehalt eines Elementes des Satzes, nämlich eines Begriffes, erläutert, aber darüber hinaus keinen zusätzlichen Gehalt liefert. Deshalb lässt sich ein synthetischer Satz im Gegensatz zu einem analytischen Satz als Metahorizont der Aussage bezeichnen, weswegen wir oben im Falle eine einfachen Hauptsatzes von einer dualen Gestalt gesprochen hatten.

Wichtig beim Begriff der „dualen Gestalt" ist, dass sich viele Gestalten, wie das Beispiel der Kölner Domfassade gezeigt hat, bereits im wesentlichen durch eine duale Gestalt beschreiben lassen, und zwar in diesem Beispiel eben durch die duale Gestalt von Ganzem und Teil. Denn diese duale Gestalt wiederholt sich rekursiv, wenn man einen Subhorizont wieder als Metahorizont nimmt, und es tritt bei allen weiteren Differenzierungen dieser Art nichts prinzipiell Neues hinzu. Ebenso kann man von der dualen *Gestalt der Herrschaft* sprechen, insoweit jede Herrschaftshierarchie auf der Unterscheidung von *Herrschendem und Beherrschtem*, also *Metahorizont* und *Subhorizont des Willens* beruht. Der Begriff der „dualen Gestalt" liefert also einen Minimalbegriff von Gestalt, an denen sich gegebenenfalls die prinzipielle Gliederung „komplizierterer" Gestalten zeigt.

Um nun genauer auszudrücken, was man darunter zu verstehen hat, führen wir den Begriff ein. D a b e i s o l l d i e *G e s t a l t t i e f e* d a s M a ß d a f ü r s e i n , w i e o f t M e t a h o r i z o n t e w i e d e r a l s S u b h o r i z o n t e g e n o m m e n w e r d e n m ü s s e n , u m e i n e G e s t a l t z u e r f a s s e n . In diesem Sinne sprechen wir von vergleichsweise *tiefen* und *flachen* Gestalten. Eine duale Gestalt ist also die *flachste* Gestalt, die möglich ist, da wir in jedem Falle nur einen Metahorizont haben. Demgegenüber ist der Kölner Dom sicherlich, verglichen mit allen anderen Bauwerken der Stadt Köln als eine ausgesprochen *tiefe* Gestalt anzusehen. Auch und flache Hierarchien etwa in Unternehmen sind weiter als tiefe und flache Herrschaftsgestalten.

Natürlich muss eine Gestalt in der Gestalttiefe ihrer Untergestalten nicht homogen sein. Hier ließen sich Begriffe wie minimale, mittlere oder maximale Gestalttiefe entwickeln, welche aber vermutlich nur innerhalb eines quantifizierten Modells einen Nutzen hätten.

Die bisherigen Beispiele haben wir also als duale Gestalten diskutiert, einmal ein Auto als duale Gestalt von Ganzem und Teil unter verschiedenen Subsistenzkennungen, und das andere mal die duale Gestalt von Herrscher und Beherrschtem. dass die Begriffe Metahorizont und Subhorizont aber nicht darauf beschränkt sind, zeigt das folgende, weit delikateres Beispiel von *Geist und Materie*.

Denn zunächst ist es natürlich unklar, ob sich *Geist* und *Materie* wie ein korrespondierendes Metahorizont-Subhorizont-Paar verhalten, d.h. o b d e r G e i s t , d e r h i e r a l s m i t S e l b s t b e w u s s t s e i n a u s g e s t a t t e t e s l e b e n d i g e s W e s e n v e r s t a n d e n w e r d e n s o l l , *in Bezug* auf *Materie* an Subsistenz gewinnt oder nicht vielmehr der Geist der Materie unterworfen ist, also in Bezug auf *Materie* an Subsistenz verliert. Selbst wenn Geist Subsistenz in Bezug auf Materie gewinnt, ist immer noch nicht ausgemacht, ob er Subsistenz *an sich*, also unabhängig von der Materie besitzt, was dem Besitz einer *Geistseele* gleichkäme, oder ob er letztlich nur eine besondere Art Relation der Materie ist. In diesem Falle ließe sich der Geist als das Gange des neuronalen Beziehungsnetzes verstehen, welche durch eine Art *Synnergieeffekt* mit Bewusstsein ausgestattet ist. Wenigstens aber insoweit der Geist über *Selbstbewusstsein* verfügt, *sich* also *auf sich selbst beziehen*, und dadurch erst *er selbst* wird, ist er in jedem Falle als Metahorizont anzusprechen. Dies kann man in Vorwegnahme der Kategorien der zweiten Vermittlung als Metahorizont seiner selbst oder als Metahorizont des Wissens um seiner selbst verstehen. *Selbstbezüglichkeit*, die ja niemals die Subsistenz der entsprechenden Seinsheit einschränken kann, mag man also im gewissen Sinne als die „edelste" oder „vollkommenste" Verwirklichung des metahorizontalen Prinzipes begreifen. Ferner lässt sich die Materie als Verwirklichung des subhorizontalen Prinzips verstehen. Insofern nämlich die subsistenten Seinsheiten der materiellen Welt, die Elementarteilchen, in Beziehung zu einander stehen, sind diese nämlich nicht selbständig, da die *Wirkungen* der Kräfte Funktionen äußerer Randbedingungen sind. Materielle Entitäten schränken sich in ihrer Subsistenz durch ihre *Kraftrelation* in ihrer Selbständigkeit gegenseitig ein.

Man mag einwenden, dass hierbei Materie ganz selbstverständlich im Sinne der modernen Physik verstanden wurde. Dies ist aber nicht notwendig der Fall, da etwa auch die *decartsche Materie* dem eigentlich subhorizontalen Prinzip genügt. Descartes, der Kraftrelationen gänzlich ausschloss, wollte alle Eigenschaften der Materie durch die Topologie der Atome (also deren Häkchen und Ösen, welche ineinandergreifen) erklären. Bei ihm sind es dann eben gerade die *Ortsrelationen*, welche die Subsistenz der Elementarteilchen einschränken.

Ohne der Geist-Materie-Problematik auch nur annähernd gerecht werden, mag aus diesen Ausführungen klar geworden sein, wie das formalontologische Denken dabei helfen kann, diese Problematik zu entfächern, also *die metaphysische Frage nach Geist und Materie zu reflektieren*, ohne deswegen gleich eine Lösung parat zu haben. dass darüber in den bisherigen Beispielen auch recht Banales ausgesprochen wurde, sehe ich durchaus nicht als Schwäche, sondern als Stärke des Systems. Denn was nutzen die tiefschürfendsten metaphysischen Gedankengebäude sie nicht einmal das Alltäglichste beschreiben können?

Die Kategorien Metahorizont und Subhorizont oder metahorizontal und subhorizontal sind darüber hinaus aber die Kategorien von *Subjekt* und *Objekt*, von *Verwirklichung* und *Erleiden*, *Aktiv* und *Passiv*, und schließlich von *Freiheit* und *Unfreiheit*. Daraus ergibt sich über die strukturanalytische Nützlichkeit hinaus ihr philosophisches Gewicht. Und wenngleich diese beiden Kategorien schon wesentlich mehr Reichtum besitzen als die Kategorien Subsistenz und Relation, so eröffnet sich doch erst mit den nächsten Kategorien, *Analogie* und *Rationalität*, der vorläufige Höhepunkt und Abschluss des Systems.

Zu guter letzt müssen wir aber noch die kategorischen Begriffes dieses Kapitels in unsere Zeichensprache übersetzen. Diese Übersetzung wird insoweit unvollständig sein, als wir nur *Relation* als meta- bzw. subhorizontal kennzeichen werden, und uns aber diese Kennzeichnung dann auf die entsprechenden Horizonte übertragen denken. Dies geschieht, indem wir das von der Seinsheit weg zeigende Ende der Relation mit einem *Pfeil (metahorizontal)* bzw. mit einem *Querstrich (subhorizontal)* kennzeichnen:

(a)   (b)

Abbildung 6 (a) Metahorizont (b) Subhorizont

Des weiteren wollen wir vereinbaren, im Verhältnis zweier Seinsheiten die zu den Seinsheiten gehörenden Kennzeichnungen an *ein* Relationssymbol anzubringen, so dass sich folgende Umsetzung der Begriffe herrschende, dialogische und physische Relation ergeben:

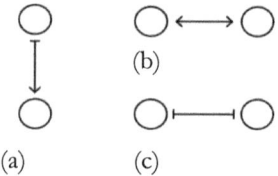

(a)   (c)

Abbildung 7 (a) herrschende Relation (b) dialogische Relation (c) physische Relation

In der Regel werden wir die Bestimmungen metahorizontal und subhorizontal mit oben und unten identifizieren, so dass aus dem räumlichen Verhältnis der Symbole subsistenter Seinsheiten die entsprechende Ordnung gemäß unserer zweiten kategorialen Dimension ersichtlich wird.

2.4 Analogie und Rationalität

Da die weiterführenden formalontologischen Kategorien-Paar den einfacheren Begriffen der grundlegenderen Kategorien ergeben, wird die Entwicklung der kategorialen Begriffe bei fortschreitender Entfaltung des Systems gedanklich immer aufwendiger. Wir wollen daher hier mit einem Beispiel beginnen.

Dazu knüpfen wir am vorherigen Abschnitt an, in dem wir von *Herrscher* und *Beherrschtem* kategorial als *Metahorizont* und *Subhorizont des Willens* verstanden hatten. Unterschieden seien nun zwei Fälle: Zum einen denken wir uns einem *Stammesfürsten*, wie es ihn zur Völkerwanderungszeit gegeben haben mag, der in einer Schlacht Befehle erteilt. Diese Schlacht soll nicht als kleines Scharmützel gedacht werden, sondern es soll die Existenz des gesamten Stammes und damit auch des Stammesfürsten auf dem Spiel stehen. Die *Freiheit* des Stammesfürsten besteht darin, dass aus seinem ureigensten Interesse geschehen. Seine *Unfreiheit* besteht darin, dass er den Auswirkungen seiner Entscheidungen existentiell ausgeliefert ist und er so doch im gewissen Sinne *gezwungen* handelt, gezwungen seine Existenzangst und die Attacken des Feindes.

Der zweite Fall soll gegeben sein durch einen demokratisch Prätendenten, der eine Richtlinie durchsetzt, mit er der Verfassung und dem Volkswillen gerecht wird. *Seine Freiheit* besteht darin, dass ihn die Resultate seine Entscheidungen persönlich völlig unberührt lassen *können*, er also, insoweit dies der Fall ist, gänzlich *unbefangen* ist.[13] Seine *Unfreiheit* besteht darin, im Rahmen der *vorgegebenen Rolle* eines Amtes handeln zu müssen, denn diese Rolle entspringt in einem Verfassungsstaat natürlich *nicht* der Willkür des Amtsinhabers.

Nur angemerkt sei hier folgendes: Dieses Beispiel illustriert eindringlich, dass eine liberalistische Gesellschaft, in der die Sinnfrage für viele Menschen unbeantwortet bleibt, dennoch eine eminentes *Freiheitsproblem* hat. Denn Freiheit bedeutet nicht nur ein Freiheit *von* Zwängen, sondern auch eine positive Bestimmung dessen, was mit der Freiheit anzufangen ist, also der Freiheit *für* etwas. Dies wird übersehen, wenn man mit einem einseitig *rationalistischen*[14] Freiheitsbegriff operiert. Eine auf Grundlage der formalen Ontologie stehende Freiheitslehre würde aber ganz wesentlich dem komplementären Charakter der Freiheit Rechnung tragen. Der in dem Beispiel vorgeführte komplementäre Charakter der Freiheit entspricht genau dem neuen, anzustrebenden kategorialen Begriffspaar.

In unserem Beispiel hatten wir den Herrscher als *Metahorizont des Willens* verstanden. Die beiden Fälle unterscheiden sich dadurch, dass beim Stammesfürsten der Herrscherwille völlig identisch ist mit

---

[13] Dies schließt natürlich nicht aus, dass auch ein demokratisch gewählter Präsident seine Unbefangenheit verlieren kann, was – wie allgemein bekannt – immer wieder aufs Neue Anlass zu Skandalen gibt.

[14] Der Begriff rational wird sogleich eingeführt.

dem Willen des Stammesfürsten als einmaligem Menschen, Während dies im Falle des demokratischen Präsidenten nicht der Fall sein muss. Es ist nämlich durchaus denkbar, dass der Präsident *als Privatmann* die von ihm selbst durchgesetzte Richtlinie nicht befürwortet, er diese aber *mit Rücksicht* oder *in Bezug* auf die Verfassung oder den Volkswillen dennoch durchsetzt, da er etwa das Verfassungsgericht fürchtet, oder eine Niederlage bei den nächsten Wahlen. Spricht man den Willen des Herrschers als seine Subsistenz an, so erfahrt diese im Falle des Präsidenten so etwas wie eine Aufspaltung, da er *als* Amtsperson will, wie *als* Privatmann.

Diesen Sachverhalt wollen wir formalontologisch durch den Begriff „Entfremdung" zu fassen kriegen. Im herkömmlichen Sinne bedeutet Entfremdung das vom Subjekt leidvoll Unvermögen, die vom eigenen Wesen vorgezeichnete Selbstverwirklichung zu vollziehen. Der formalontologische Begriff von Entfremdung betrifft zwar den selben Sachverhalt, nimmt aber einen entscheidenden Perspektivwechsel vor: Bestimmt man Seinsheiten als *fremd*, insoweit sie sich nicht aufeinander zu vermögen, so kann *Entfremdung* werden als die Überwindung *ursprünglicher* Fremdheit. Ist Fremdheit in auf einen möglichen Bezugspartner aber *ursprünglich*, so entspringt sie der Subsistenz einer Seinsheit.

So verstanden ist Entfremdung wirkliche *Ent-Fremdung*. Wenn also gemäß dem traditionellen Begriff von Entfremdung Subjekt die dem eigenen Wesen entsprechende nicht erfahrt, so bringt der formalontologische Begriff derselben zum Ausdruck, dass dadurch da es ja nicht einfach auf Beziehung und damit auch auf Vermögensverwirklichung verzichten eine Art zweite Natur oder ein zweites „Wesen" hervorbringt gewissermaßen die „Ersatzpersönlichkeit" die entfremdete Beziehung darstellt. Gemäß unserer Definition bleibt der formalontologische Begriff von Entfremdung aber nicht auf das Subjekt beschränkt, sondern kennzeichnet eine allgemeine ontologische Gegebenheit, welche bildlich gesprochen eine Art „Verdopplung" einer Seinsheit, insoweit sie sich bezieht und nicht bezieht, darstellt.

Für unsere allgemeine Begriffsentwicklung ergibt sich nun folgende Frage: Inwieweit stellt das Horizont-Sein einer Seinsheit also eine Entfremdung derselben dar? Oder anders ausgedrückt: Ist die Subsistenz, die ein Horizont durch Relationen gewinnt oder durch welche diese eingeschränkt wird, gleichzusetzen mit dem Selbstsein der Seinsheit oder sind sich Selbstsein und gewonnene bzw. eingeschränkte Subsistenz zu unterscheiden? Dabei soll unter

Selbstsein die *Subsistenz* einer Seinsheit unter *Absehung von den entsprechenden Relationen* verstanden werden.

Diese Frage führt uns zu folgenden Definitionen der beiden Kategorien der zweiten Vermittlung:

(V) Sein heißt *analog*, insoweit es Horizont seiner selbst ist.

(VI) Sein heißt *rational*, insoweit es als Horizont entfremdet ist.

Bei der Definition von analog bzw. Analogie ist entscheidend, dass hierbei der Genitiv genau in der Weise gebraucht wird, wie sie in der Sprechweise mit *Subsistenzkennungen* auftrat. Das heißt Analogie liegt vor, insoweit wir sagen müssten, A ist Meta- (oder Subhorizont) der Subsistenzkennung A. *In unserem Formalismus sind Horizonte und die entsprechenden Relationen also in dem Maße rational zu nennen, in dem die Angabe einer gesonderten Subsistenzkennung nötig ist.*

Bei diesen Definitionen ist ferner wichtig, ihren komplementären Charakter zu verstehen. Entscheidend ist hier „insoweit". Soll Analogie verstanden werden als durch den Bezug auf Entsprechendes zustande gekommen gedacht werden[15], dann ist natürlich im strengen Sinne jede Seinsheit nur mit sich selbst identisch und es besteht so gesehen nur die Möglichkeit, in Bezug auf sich seiner selbst zu sein. Darin aber, und somit insoweit einer Seinsheit Sein überhaupt zukommt, kommen überein, entsprechen sich also, was als Relation anzusehen ist. Dies ist gerade eine Formulierung der *Analogie des Seins*, die uns später noch begegnen wird. Sie ist die Grundanalogie all dessen, was gegeben sein kann. Darüber hinaus können freilich noch weitreichendere Analogien vorliegen.

Es geht also bei den Begriffen Analogie und Rationalität im Sinne unserer Komplementarität darum, einander entgegen Gesichtspunkte des Seins auszusprechen, die für immer unvollständig bleiben. So gesehen können also Analogie und Rationalität immer gemeinsam vorliegt, und wir sprechen dann von rationalem oder analogen Sein im Sinne eines *vergleichsweise bestimmenden Momentes* der Seinsheit.

Das Entfremden einer Seinsheit im Falle der Rationalität ist bildlich gesprochen so etwas wie das Aufsetzen einer Maske zur Überwindung ursprünglicher Beziehungsunfähigkeit. Dabei kann das Entfremden einer Seinsheit als aktiv oder passiv verstanden werden, je nachdem ob es in Selbsttätigkeit geschieht oder nicht. In dieser Metapher besteht Rationalität gerade darin, dass die „Maske" und das

---

[15] Für die weitere Denkentwicklung böte sich an die für Kategorie der Analogie in systematischer Weise Unterkategorien einzuführen, gemäß den Kategorien der kategorialen Basis: Authentizität (Subsistenz) und Sympathie (Relation).

Selbstsein die Subsistenz einer Seinsheit spalten. Unterscheidet man etwa „Dinge an sich" und „Erscheinungen", wobei letztere ebenfalls als subsistent angenommen werden soll, und stellt fest, dass diese nichts miteinander zu tun haben, so bedeutet dies nichts anderes, als allen subsistenten Seinsheiten grundsätzliche Rationalität zuzusprechen. Die Erscheinungen sind so also zu verstehen als die Entfremdungen der Dinge, da sich diese überhaupt nur als solche auf den Wahrnehmenden zu beziehen vermögen. In diesem Falle würde man das Ding an sich als Horizont, genauer gesagt uneigentlichen Subhorizont der Erscheinung in Bezug auf den Aussagenden kennzeichnen.

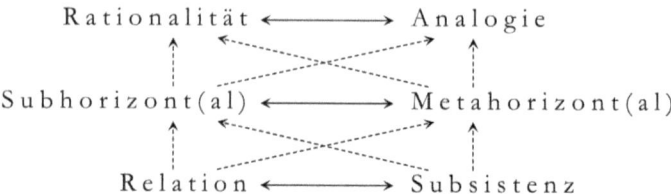

Abbildung 8 Das System der formalen Ontologie in der hier dargestellten Form. Drei Begriffsdimensionen, die jeweils durch zwei komplementäre Begriffe aufgespannt werden. Auf der linken Seite stehen die Kategorien, die als *These* bzw. *Antithese*, und auf der rechten diejenigen welche als *Antithese* oder *Anti-Synthese* kann man sprechen, insoweit diese als *Antithese* zur *Synthese* genau die Vermittlung ist, die eher Beieinandersein" denn ein „inneres von These und Antithese entspricht.

Ein weiteres Beispiel für Entfremdung und damit für Rationalität in die Unterscheidung in „Form" und „Materie", zunächst ganz allgemein nicht unbedingt aristotelisch oder kantisch verstanden. Dabei ist die Form die Entfremdung der Seinsheit, da sie als solche Horizont ist, während die Materie das verbleibende Selbstsein kennzeichnet.

Um wieder auf unser anfängliches Beispiel zurückzukommen: Wenn der Herrscher Metahorizont seiner Herrschaft ist, so besteht eine grundlegende Verschiedenheit der als Herrscher und der Herrscherperson als Person an sich. In diesem Sinne ist sein Herrschaftswille rational. Fällt allerdings diese Unterscheidung weg, fallen also, wie im Falle des Stammesfürsten, Herrscherinteresse und Privatinteressen zusammen, so ist er als Herrscher Horizont seiner selbst. Damit ist diese Form der Authentizität (des Willens) Unterkategorie der Analogie.

Da nun die Begriffe Rationalität und Analogie in ihrer Abstraktheit erklärt sind nun noch ein paar heuristische Bemerkungen anfügen, um dem Leser eine ungefähre Ahnung von dem zu geben, was diese Begriffe leisten sollen. Ein Prototyp dessen, was wir unter rationalen Strukturen verstehen wollen, stellt die *Maschine* dar. Die Teile einer Maschine im aufeinander, dass ein dem Ganzen zugesprochenes Vermögen verwirklicht ist. Dabei kommt es jedoch nur darauf an, dass die Teile bestimmte *Zwecke* erfüllen, d.h. *Eigenschaften* besitzen, die es Vermögen, das Ganze ist nur wieder auf bestimmte Weise zu verwirklichen. Doch auch die Maschine als Ganzes ist nur wieder auf bestimmte Zwecke ausgerichtet, die neben ihrer eigentlichen Funktion auch noch Dinge wie *Sicherheit, Ökonomie* etc. einschließen kann. Diese Zwecke „vergewaltigen" im gewissen Sinne als Subhorizonte der Teile, da sie Abstraktion von der jeweiligen Einmaligkeit der Teile darstellen. Und die Teile sind für das mehr als *Module*, also Bestandteile, die für das Ganze der Maschine nur in defizitärer Weise eingebunden, da es eben mittels einer *Eigenschaft* bestimmte Zwecke erfüllt. Die Teilhaftigkeit der Teile am Ganzen der Maschine ist also geprägt durch Entfremdung, da das Teil *als* Horizont nicht dem entspricht, was es *an sich* ist, denn als Horizont ist es nur Träger bestimmter Eigenschaften, während es an sich immer mehr ist.

Dem wollen wir nun ein *analogisches* Verhältnis von Ganzem und Teil gegenüber stellen. Betrachten wir etwa das Ganze einer Pflanze, die als Teile ihrer selbst Ableger ausgebildet hat. Die Ableger sind erst dadurch sie selbst, dass sie eben als Teil einer Pflanze erwuchsen. Ihre Teilhaftigkeit am Ganzen der Pflanze kann sie also nicht entfremden. Auch das Ganze der Pflanze ist in Bezug auf den Ableger nicht entfremdet, da es sich ja auf etwas bezieht, das ihr in hohem Maße entspricht, sogar soweit, dass man geradezu von *Selbstähnlichkeit* sprechen kann.

Von solchen Strukturunterschieden ausgehend stellen die Begriffe „Analogie" und „Rationalität" Versuche dar, einer ganz grundsätzlichen Unterschiedenheit auf die Spur zu kommen. Insbesondere ist dieses Bemühen durch den Verdacht motiviert, dass sich die kulturelle Gegenwart durch ein starkes Übergewicht dessen charakterisiert ist, was wir *rational* nennen wollen.

Da die Begriffe *rational* und *analog* im Gegensatz zu *metahorizontal* und *subhorizontal* in der Philosophie mit Bedeutungen versehen sind, gilt es nun noch zu klären, was unsere Definitionen mit diesen herkömmlichen Bedeutungen zu tun haben. Dazu betrachten wir eine weitere subkategoriale Ordnung der Begriffe Metahorizont und Subhorizont, nämlich die von *Sprache* und *referenzierter* Seinsheit. Das Thema Sprache ist in der Philosophie sicherlich von grundlegendster Bedeutung und alles andere als leicht zu behandeln, allein schon, weil mit Sprache über *Sprache gesprochen* werden muss. Mit Bezug auf das Folgende sei auch nochmals deutlich auf den in der Vorrede zum Ausdruck gebrachten Vorläufigkeitscharakter dieses Textes verwiesen. Ich behaupte nicht, eine komfortable Straße durch den du philosophischen Fragens nach der Sprache zu bauen. Wir wollen lediglich versuchen, mit einem ersten zu beginnen, der möglicherweise schon bald wieder aufgegeben werden muss.

Ferner ist von entscheidender Bedeutung, dass im folgenden Sprache lediglich *als subsistent* in Betracht kommen soll. Aspekte der Sprache, die eher auf ihren relationalen Charakter abzielen, wie prag-

matische Intentionalität oder ihre Funktion, müssen also außen vor
bleiben. Diese Unterscheidung der Rücksichten *Subsistenz* und *Relation* ist im oben ausgeführten komplementarischen Sinne der kategorialen Basis der formalen Ontologie zu verstehen.
Genauer gesagt wollen wir Begriffe, d.h. die Elemente der Sprache und Einzelaussagen also Zusammensetzungen, als *Horizonte der Aussage* oder *Aussagehorizonte* verstehen.
Dies kann auf unterschiedliche Weise geschehen. Fragt man, wie
sich Aussagehorizonte untereinander verhalten, so lässt sich das Verhältnis von *Oberbegriff* zu *Unterbegriff* wie das Verhältnis von *Aussagemetahorizont* zu *Aussagesubhorizont* zu verstehen, da die Aussage, d.h.
der Aussagegehalt eines Oberbegriffes ebenso wie im Unterbegriff
verwirklicht ist, jener also ein *Metahoriozont der Aussage* zu diesem ist.
Entsprechend fassen wir den Unterbegriff als *Suborizont der Aussage*
auf, da der Unterbegriff gemäß seiner Eigenart als solcher sich im
Gehalt seiner Aussage nicht notwendig im Oberbegriff verwirklicht.
Für die weiteren Überlegungen wollen wir Sprache generell als *Metahorizont der Aussage* in Bezug auf das *Ausgesagte* verstehen. Die
Aussage soll dabei das Gemeinte sein, insoweit es
als bloß gedacht verstanden wird. Entsprechend
ist das Ausgesagte zu verstehen als das Gemeinte,
insoweit es als nicht bloß gedacht verstanden
wird. Dabei soll die Frage unbeachtet bleiben, inwieweit das Ausgesagte mit den „Dingen an sich" oder etwas ähnlichem identisch
bzw. nicht identisch ist, d.h. Aussagen und Tatsachen in der Welt
übereinstimmen.
Von diesen Begriffsbestimmungen ausgehend, stellen wir nun die
Frage, was nach unseren Begriffen unter einer *analogen* oder *analogischen Sprache* zu verstehen ist. Sprache ist gemäß unserer Definition
von Analogie in dem Maße analog, als die Bedeutung der sprachlichen Einheit Metahorizont ihrer selbst ist, sie also dem Ausgesagten
entspricht, was am vollkommensten verwirklicht ist, wenn *Aussage
und Ausgesagtes in eins fallen*. Eine solche Sprache würde mit größtem
Reichtum das Ausgesagte zum Ausdruck bringen. Da dieses aber etwas je Einmaliges ist, wäre dies eine Sprache, die aus lauter Eigennamen besteht, schlimmer noch, aus Eigennamen, die nicht wiederholt
ausgesprochen werden dürften, da das, was ausgesagt wird, vom je
einmaligen *Aussagekontext* abhängt. Dabei ist unter *Aussagekontext* die Ganzheit der subjektiven Bedingtheit
in dem Augenblick zu verstehen, in welcher die
Aussage getätigt wird. Insbesondere gehört dazu die je einmalige *Perspektive*, ob im anschaulichen oder übertragenen Sinne, die

der Aussagende bezüglich des Bedeuteten einnimmt. Die Ganzheit der subjektiven Bedingtheit der Aussage ist aber nichts andere als das augenblicklich im Bewusstsein Gegebene, und in diesem Sinne ist Sprache immer ein Stück weit Zeugnis der primären Einheit des Bewusstseins. Insoweit dies der Fall ist, bietet es sich an, von *Authentizität der Sprache* zu reden.

Eine Sprache aus lauter Eigennamen wäre sicher nicht praktizierbar und ist auch schon aufgrund des oben gesagten nötig, um von *analogischer* Sprache zu sprechen. Darüber hinaus hält die Sprache Mittel bereit, Aussagen als zu einem einmaligen Aussagekontext gehört zu kennzeichnen, Wörter nämlich wie *dieser, hier* oder *jetzt*. Die Aussage *„Dieser Baum ist schön."* ist eben in der Regel einmaligen Aussagekontext gültig, da sie sich auf einen bestimmten einmaligen Baum bezieht, der in einen einzigartigen Aussagekontext auf einzigartige Weise als schön empfunden wird. Jeder Versuch, diese Aussage zu *objektivieren*, d. h. ihr unabhängig vom Aussagekontext Gültigen zu verschaffen, etwa in dem man sagt *„Bäume dieser Art sind schön",* geht mit einer *Verarmung* der ursprünglichen Aussage einher.

Wenn wir ihn freilich wie hier in einem hypothetischen Sinne anführen, als ein Satz, der sich auf alle möglichen Bäume unter der für uns interessante Rücksicht auf gleiche Weise aussagen lässt, da es uns nicht um die Schönheit geht, sondern um die Weise, wie eine ist, verliert dieser Satz *für uns* seinen unmittelbar analogische Charakter.

Am eindringlichsten tritt die analogische Sprache bei Seinsaussage zu tage, wobei unter Seinsaussage nicht eine bloße Existenzaussage verstanden werden soll. Wenn ich etwa sage *„Dieser Baum ist."* oder in Bezug auf den Baum noch „Es ist!", so fallen hierbei Aussage und Ausgesagtes identisch in eins. Denn diese Aussage bedeutet den in all seiner Einmaligkeit, jede Krümmung der Äste, der Blätter, den Baum, wie er in seiner Einzigartigkeit und seinem mannigfachen Reichtum allenfalls durch das Gemüt erahnt werden, jedoch niemals vollständig auf den Begriff gebracht werden kann. Damit sind Seinsaussagen immer auf je einzigartige oder eben analoge und nicht stets gleiche Weise gültig, da sie das Sein des je einzigartig Seienden aussagen. Diese Eigenart von Seinsaussagen wird in der Regel *Analogie des Seins* oder *Seinsanalogie* genannt.

Damit ist der Zusammenhang des formalontologischen mit dem traditionell-philosophischen Begriff der Analogie geklärt. Bevor wir uns nun um die alltägliche Bedeutung von *Analogie* bemühen, die in etwa mit dem Begriff *Ähnlichkeit* zusammen fällt, wollen wir zunächst noch ein paar Definitionen nachholen, die im Zusammenhang mit den Begriffen *Analogie* und *Rationalität* nahe liegen. Es handelt sich um eine nähere Klassifizierung des Begriffes der *dualen Gestalt* nach vier kanonischen Unterarten. Eine duale Gestalt heißt *rational*, insoweit Metahorizont und Subhorizonte rational sind;

episch, insoweit der Metahorizont rational ist und die Subhorizonte analogisch sind;

harmonisch, insoweit der Metahorizont analogisch ist und die Subhorizonte rational sind und

analog(isch), insoweit Metahorizont und Subhorizonte analogisch sind.

Dies ist gleichbedeutend mit einer Unterkategorisierung des Begriffes der „herrschenden Relation", da nach unserer Definition von Gestalt diese ja gerade durch herrschende Relationen besteht.

Wir können hier leider nicht auf die Heuristik dieser Begriffe eingehen, müssen uns daher damit begnügen, das formale Zustandekommen dieser Begriffe zu verstehen. Hierbei gehen wir im Grunde ganz ähnlich vor, wie wir es bei der Unterscheidung zwischen wirklichen Möglichkeiten und möglichen Wirklichkeiten getan haben. Gemäß der Dimensionalität unserer Kategorien, sollten die komplementären Begriffspaare unabhängig voneinander sein. Was die Dimensionen von Analogie und Rationalität anbelangt, so versuchen wir dem insoweit gerecht zu werden, als wir von *Horizonten* sprechen. Damit kann sowohl metahorizontales wie subhorizontales Sein gemeint sein, ebenso wie analogisches und rartionales. Nun meint der Begriff „Horizont" zwar Sein, insoweit es in einer Beziehung steht, bezeichnet also eigentlich etwas Subsistentes, doch verweist diese Sprechweise trotzdem immer auf die entsprechenden Relationen, welche gegebenenfalls eigens diskutiert werden. Wenn wir nun Horizonte nach den Kategorien der zweiten Vermittlung unterscheiden, so ergeben sich folgende vier Möglichkeiten: (i) rational metahorizontal (ii) rational subhorizontal (iii) analog metahorizontal (iv) analog subhorizontal. Überlegen wir uns davon ausgehend duale Gestalten, so gibt es wieder vier Möglichkeiten, eben diese oben genannten.

Um den Begriff „Ähnlichkeit" nachzuspüren, gehen wir von dem Beispiel eines Geigenbauers aus, welcher sich von einem Freund eine Geige ausgeliehen hat, um diese nachzubauen. Er nimmt die Geige des Freundes also als *Vorbild* für eine neue Geige. Dabei ist die ursprüngliche Geige *Metahorizont,* insoweit sich ihre Eigenart in der nachgebauten Geige wiederfindet und somit vermittels der Vorbildrelation den Nachbau in seiner Selbständigkeit einschränkt bzw. ihre Subsistenz im Nachbau verwirklicht ist. Dem, woraus die Geige besteht, wird also die Struktur der Vorbild-Geige *aufgeprägt.* Eine von außen aufgezwungene Vermögensverwirklichung ist aber gerade das, was kennzeichnend unter die (eigentlich) *subhorizontale* Kategorie gefasst wurde. Nun ist das Vorbild aber Metahorizont von etwas Gleichartiges, indem es *als* Geige Vorbild für wieder eine *Geige* wird. Insoweit haben wir es mit einem Fall *metahorizontaler Analogie* zu tun.

Zu beachten ist, dass bei dieser forrnalontologischen Beschreibung die kategoriale Basis nach wie vor ihre Erheblichkeit behält, insofern nämlich die Relation zwischen den beiden Geigen von ganz verschiedenem Gewicht sein kann. Die Relation, die uns hier interessiert, kommt durch den Geigenbauer zustande. Dieser hat aber die Freiheit, entweder ein sehr genaues Abbild anzufertigen, welches nicht einmal der Besitzer vom

Original unterscheiden könnte, oder sich aber sehr viele Freiheiten beim Nachbauen zu nehmen.

Wenn wir nun fragen, welcher Art der Subhorizont der nachgebauten Geige ist, so stellen wir fest, dass auch diese nur als *analog* angesehen werden kann, denn die nachgebaute Geige ist ja gerade dadurch sie selbst, dass sich ihr Vorbild durch den Geigenbauer in ihr verwirklicht. Wir können also die beiden Geigen in ihrem Verhältnis zueinander als eine *analoge Gestalt* ansprechen. In dieser kann nun aber die nachgebaute Geige sowohl als Subhorizont angesprochen werden, als auch als Metahorizont, da sie ja erst durch das Verhältnis zur Vorbildgeige sie selbst wird. In diesem Sinne und dadurch, dass im Falle der analogen Gestalt Metahorizont und Subhorizont einander entsprechen, ist in der Tat Analogie diejenige Kategorie der zweiten Vermittlung, in welcher Metahorizont und Subhorizont zu einer *Synthese* gelangen.

Ist der Nachbau einigermaßen gelungen, so wird der analoge Charakter der Gestalt noch dadurch bestärkt, dass das Verhältnis von Vorbild und Abbild auch gerade umgekehrt sein könnte. Denn damit verhält sich die als Vorbild dienende Geige nicht nur zu ihrer Gattung nach ihres Gleichen, sondern zu einer Geige, die ebenso, wie sie, es vermag, Vorbild für eine der ursprünglichen entsprechenden Geige zu sein. Das dabei angesprochene analoge Gestalten befördernde Verhältnis wollen wir Ähnlichkeit nennen. Wichtig ist, dass in der hier vorgetragenen Begrifflichkeit zwischen Ähnlichkeit und Analogie zu unterscheiden ist. In einem vorläufigen Begriff soll *Ähnlichkeit als analogische Relation* verstanden werden. *Strenge Ähnlichkeit* charakterisiert einen Fall beidseitiger analogischer Relation, derart dass die Rolle von Metahorizont und Subhorizont vertauschbar sind, es sich also den analogen Charakter der betreffen handelt, während Analogie allgemeiner zu fassen ist, als eine von den Begriffen Relation unabhängige Bestimmungsgröße. Strenge Ähnlichkeit ist als engste Bestimmung dessen zu sehen, was wir im alltäglichen Gebrauch unter „analog" oder „ähnlich" verstehen.

Für weitere Überlegungen als bemerkenswert sei hier nur folgendes angedeutet: Es ist wohl durchaus nicht nötig, dass es sich bei einem Ähnlichkeitsverhältnis von Metahorizont und Subhorizont um möglichst identische Abbilder handelt. Vielmehr scheint es gerade in der Natur analogischer Gestalten zu liegen, Variationen zuzulassen und möglicher Weise sogar zu fordern.[16]

---

[16] Das Beispiel und der damit erläuterte Zusammenhang ist wohl noch lange nicht ausgereizt. Was geschieht, wenn man rekursiv von einer Geige stets immer wieder ein Nachbild hergestellt wird? Dann werden die Geigen wohl immer schlechter. Am besten werden die Geigen, wenn der Geigenbauer jede Geige als Unikat behandelt und den Einzigartigkeiten des Holzes, der Lacke, usf. Rechnung zu tragen. Er muss

Variieren wir unser Beispiel ein wenig, und nehmen wir an, ein Künstler hätte eine Zeichnung von der Geige angefertigt. Auch in diesem Falle würden wir von mehr oder weniger ausgeprägter Ähnlichkeit sprechen. Dennoch unterscheidet sich der Fall vom ersten deutlich. Nach wie vor ist die Zeichnung als ein analogischer Subhorizont anzusprechen, aus den gleichen Gründen, weshalb es die nachgebaute Geige war. Allerdings hat sich die Rolle der Vorbild-Geige deutlich gewandelt, da sie nun etwas Artfremdes als Vorbild dient. Damit ist der Charakter dieser Gestalt von deutlich *epischer* Natur, als im Falle der strengen Ähnlichkeit.

Als nächstes müssen wir uns der komplementären Gegenseite des Begriffes der analogen Sprache zuwenden und uns fragen, was man unter rationaler Sprache zu verstehen hat. Spracheinheiten als Metahorizonte der Aussage sind insofern *rational*, als die Aussage einer sprachlichen Einheit in Bezug auf das Ausgesagte entfremdet ist. Ausgesagtes und Aussage fallen also nicht in eins. Damit dennoch Aussage einem Ausgesagten berechtigterweise zugesprochen werden kann, ohne dass beide zur Deckung kommen, muss die Aussage als *mangelhaft* angesehen werden, d.h. sie bezeichnet nur bestimmte *Eigenschaften* an dem Ausgesagten.

Damit ist es insbesondere möglich, vom je einmaligen Aussagekontext des Aussagenden abzusehen und Aussagen zu *objektivieren*. Dies heißt aber, dass Begriffe und Aussagen in unterschiedlichen Aussagekontexten auf je *gleiche* Weise ausgesagt werden. Bezogen auf *Begriffe* bedeutet dies nichts anderes, als die bekannte Univozität (Eindeutigkeit) der Begriffe, welche es überhaupt erst ermöglicht, so etwas wie eine Logik zu betreiben. *Rational* an einer Logik ist also weniger der *Inhalt ihrer Axiome*, die in diesem Sinne lediglich als eine Form ontologischer Grundaxiome zu verstehen sind, sondern vielmehr ihre *Formulierung*, insoweit sie auf einem rationalen Sprachverständnis beruht. Deswegen sind auch alle Logiken in gleicher Weise rational zu nennen, welche Axiome sie auch immer bemühen mögen. Dadurch, dass in Allgemeingültigkeit über das Ausgesagte spricht und deswegen notwendig nur bestimmte Rücksichten dessen treffen kann, nimmt sie zugleich eine begriffliche Zergliederung des Gegebenen vor. Sie zerbricht das Einzelne um der Allgemeingültigkeit willen. *Rationaler Sprachgebrauch* als das Zusprechen von univoken Eigenschaften oder *Prädikaten* soll im Folgenden *Prädikation* genannt werden, von *Attribution*, worunter wir allgemein das Zusprechen

---

jede Geige also als „Horizont ihrer selbst" behandeln. Er darf das „Material" nicht dadurch entfremden, dass er ein festes Schema auf dieses anwendet. Letztendlich wird nicht eine Geige als Vorbild dienen, sondern jede Geige wird in der Herstellung weitgehend Horizont ihrer selbst sein.

eines sprachlichen Zeichens (Attribut) verstehen wollen. Damit haben wir nun die Begriffe *Analogie* und *Rationalität* in betreffenden Bedeutung eine erste Klärung erfahren. *Das entscheidende dieser Begriffe ist jedoch nicht, Rationalität und Analogie im sprachlichen Sinne rekonstruiert, sondern darüber hinaus kategoriale Begriffe viel grundsätzlicherer Bedeutung geschaffen zu haben. Sie vermögen als Klammer für ganz Unterschiedliches zu dienen. Eine wichtige Heuristik dieses Vorgehens ist die Überzeugung, dass gewisse kulturgeschichtliche Korrelationen durchaus nicht als zufällig angesehen werden brauchen, sondern mit den formalontologischen Kategorien bestenfalls die Wesensbegriffe gefunden sind, die es vermögen, den menschlichen Geist, wie er sich in der Menschheitsgeschichte entwickelt hat, gerecht zu werden.* So liegt der Verdacht nahe, dass die Zeit des Mittelalters in vielfältiger Weise durch Kulturerscheinungen geprägt war, welche sich in Hinsicht auf die Kategorien der zweiten Vermittlung als analog zu bezeichnen sind, während auf entsprechende Weise für die *Neuzeit* die Rationalitäts-Kategorie maßgeblich sein dürfte.

Als Abschluss unserer Beispiele werden wir nun noch zwei weitere subkategoriale Ordnungen von Analogie und Rationalität anführen. Anschließend an das Beispiel zu Beginn wollen wir erstere als *Authentizität* und zweitere als *Entfremdung* zur Charakterisierung des Verhältnisses von Subjekt und Objekt gebrauchen. Wir wollen dabei *Subjekt* und *Objekt* als duale Gestalt des Handelns verstehen, das handelnde Subjekt schränkt die Subsistenz des „behandelten" Objektes ein.

In einem Falle fragen wir, was es heißt, wenn wir das *Objekt* als entfremdet, bzw. als authentisch charakterisieren wollen. Denken wir uns dazu den Maler Rembrandt in seiner Werkstatt. Dort hat er es mit verschiedenen Gegenständen zu tun, die Objekte seines Handelns sein können, zum Beispiel einen Besen. Dieser Besen wird nun aber vom Maler wohl nicht wegen seiner Einmaligkeit benutzt, sondern weil er die Eigenschaft hat, dazu dienlich zu sein, den Schmutz der Werkstatt zusammenzukehren. Er wird also *als Horizont* als ein Ding mit Kehreigenschaft gebraucht und ist damit *Subhorizont der Besenhaftigkeit,* und als solches, da es durch jedes andere Ding mit dieser Eigenschaft ersetzt werden könnte, *entfremdet.* Anders ein Bild auf der Staffelei. Dieses ist in seinem Entstehungsprozess ebenfalls Objekt von Rembrandts Handeln. Doch wird es als eben ein *authentischer Rembrandt* gerade dadurch es selbst, dass es Subhorizont des Handelns des Meisters war.

Als zweites wollen wir fragen, was es mit authentischem und ent-fremdeten *Subjekt* auf sich hat.[17] Hier nun soll Objekt ein Gelände-wagen sein. Das eine Mal ist er in Besitz eines Almbauern, der diesen benötigt, um täglich die Milch in das Tal zu fahren. Dieser ist als handelndes Subjekt *authentisch*, da ihm der Gebrauch des Gelände-wagens als Almbauer selbstverständlich zukommt. Während ein Bör-senmakler aus Frankfurt am Main den fahrt, der aber weder als Bör-senmakler Bürger der Stadt Frankfurt einen Geländewagen benötigt, von diesem Objekt seines Handelns eben darum entfremdet ist, weil dieses Auto seiner sonstigen Lebenspraxis nicht entspricht. Vielmehr liegt der Verdacht nahe, dass der Börsenmakler eben gerade deswe-gen den Geländewagen fährt, weil er ihn als Fetisch für einen authen-tische Lebenspraxis gebraucht, wie sie Großwildjäger und Almbau-ern haben mögen. Neudeutsch nennt man das *live style*. Damit haben die Kategorien *Rationalität* und *Analogie* auf vielleicht überraschende Weise eine aktuelle Wende genommen, ist doch das Ringen um eine authentische Lebenspraxis Thema des gegenwärtigen Zeitgeistes.

Als letztes müssen wir nun noch wie in den vorangegangen Kate-gorien *Analogie* und *Rationalität* in unsere Zeichensprache umsetzen. Dies werden wir wieder durch Modifikationen der Relationssymbole bewerkstelligen. Und zwar vereinbaren wir, dass im Falle von *Analo-gie* der Relationsstrich in dem die Subsistenz darstellenden Kreis be-ginnt, während sie im Falle der *Rationalität* einen Querstrich oder ei-ne zusätzliche Pfeilspitze von diesem abgetrennt ist, was gewisserma-ßen die „Entfremdung" symbolisiert. Demnach sind unsere bisheri-gen Darstellungen von Relationen bezüglich der Unterscheidung zwischen Analogie und Rationalität als neutral anzusehen.

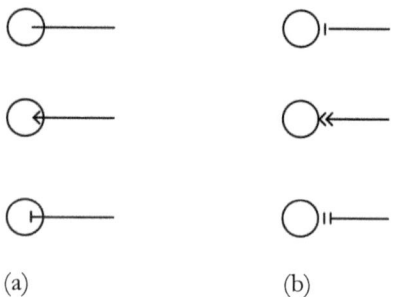

(a) (b)

Abbildung 9 (a) Analogie (b)Rationalität

---

[17] Dieses Beispiel verdanke ich Prof. Dr. Ulrich Oevermann, Frankfurt.

Damit können wir nun die vier kanonischen Unterarten der *dualen Gestalt* symbolisch darstellen:

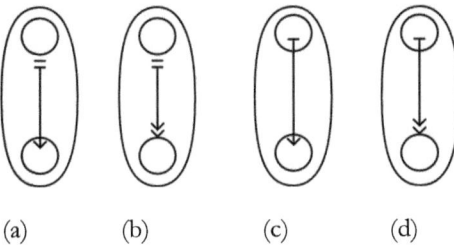

(a)   (b)   (c)   (d)

Abbildung 10 (a) rationale Gestalt epische Gestalt (c) harmonische Gestalt (d) analogische Gestalt

Das umschließende Oval soll andeuten, dass durch die entsprechenden Relationen eben wieder Subsistenz befördert wird, wir also die Subsistenzien und ihre Relationen insgesamt wieder als subsistent ansprechen können. Dieses Oval werden wir aber bisweilen auch weglassen. Damit lassen sich nun durch Kombination der Elemente dieser Formensprache etliche Strukturen anschaulich darstellen, etwa auch folgende, wie man sie etwa in einer *Elternschaft* antrifft:

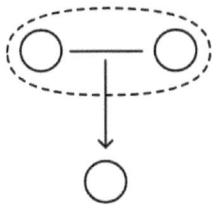

Abbildung 11 Eine Struktur oder Konstellation, die man etwas vergröbernd aber naheliegend als T-Relation bezeichnen könnte. Im Falle der *Elternschaft* entspringt der (hier nicht näher gekennzeichneten) Beziehung von Mann und Frau ein Drittes als Subhorizont, das Kind.

Damit ist die Darstellung des Kategoriensystems der formalen Ontologie in dem hier gewählten Rahmen beendet. Der interessierte Leser mag fragen, ob das System der drei kategorialen Dimensionen denn abgeschlossen sei, oder ob sich nicht noch weitere Dimensionen finden ließen. Es sei hier nur festgestellt, dass ich das System in der Tat für *nicht* abgeschlossen halte. Dennoch ist es mir beim bisherigen Stand des Denkens noch nicht möglich, diesen Abschluss im

Rahmen der formalen Ontologie zu konstruieren, und ich halte es für denkbar, dass dies aus fundamentalen Gründen so ist. Dann könnte die Vervollständigung des Dimensionensystems letztlich doch nur im Rahmen einer metaphysischen Interpretation der formalen Ontologie gedacht werden.

Es ist also bis hierhin ein System von sechs Kategorien entwickelt. Es sind dies die Kategorien des selbständigen (subsistenten) und abhängigen Seins (Relation), des übergeordneten (metahorizontal) und untergeordneten (subhorizontal) Seins, sowie Selbsttreue (Analogie) und Entfremdung (Rationalität). Im folgenden Teil B wollen wir uns um eine erste Standortbestimmung in der Reflexion auf Kultur bemühen.

3 Teil B: Kulturelle Deduktionen

3.1 Kultur des Dinghaften

Galt es in der bisherigen Darstellung ein Kategoriensystem in seiner formalen Natur zu entwickeln, so soll es im folgenden darum gehen, erste Anwendungen der entwickelten Begriffe zu liefern. Wir verlassen nun die formale Ontologie in ihrem strengen Sinne, und versuchen gemäß dem im ersten Kapitel geäußerten Anspruch, ein erstes Mal das formalontologische Denken zur Reflexion auf Kultur zu verwenden. Dabei kann es sich aber nicht einfach um ein simples Anwenden handeln, wie ein Techniker gewisse Theorien auf gegebene Fälle anwendet, sondern es werden zusätzliche Annahmen und Begriffe nötig sein Auf den metaphysischen Status unseres Denkens bezogen liegt in die Wendung auf konkrete Probleme die Konsequenz beschlossen, dass wir die metaphysische Enthaltsamkeit aufgeben und zunächst aus pragmatischen Gründen einen dem naiven Realismus sehr ähnlichen Standpunkt einnehmen, indem wir davon ausgehen, dass sich über reale Dinge, insbesondere Gegenstände, problemlos so reden lässt als ob es sie gäbe, und darüber hinaus der Glaube, ob es sie gibt oder nicht, nichts an unserem Gespräch über sie ändert.

3.1.1 Kultur und Dinghaftigkeit

Wenn wir nun über Kultur reden wollen, so stellt sich uns gemäß dem selbst gestellten Anspruch zunächst einmal die Aufgabe, einen adäquaten *Begriff* von Kultur zu finden, wobei hier Kultur ganz allgemein, nicht im Sinne einer *Einzelkultur* verstanden werden soll. Wirft man einen Blick auf den entsprechenden Artikel eines philosophisches Lexikons, so ist man in der Regel eher verwirrt bzw. glaubt auch nicht mehr erfahren zu haben, als man ohnehin schon wusste. Und obgleich das zunächst ernüchternd erscheint, ist letzteres doch insoweit nicht das Unangemessendste, als ein wissenschaftlicher Begriff von Kultur gewiss nicht derart sein sollte, dass wir unseren naiven Gebrauch desselben gänzlich umändern müssten. Es soll uns also nicht so widerfahren, wie diversen Kunsttheoretikern mit ihren Kunsttheorien, dass sie nämlich einen Kunstbegriff schaffen, der doch einen beträchtlichen Anteil dessen, was gemeinhin als Kunst gilt, nicht unter diesen Kunstbegriff fallen, sei dies nun gerade die Absicht des Kunsttheoretikers oder nicht.

Um den angestrebten Begriff von Kultur entfalten zu können, müssen wir jedoch einen kleinen Umweg nehmen, und zunächst erklären, was wir unter *Dinghaftigkeit* verstehen. Dieser Begriff ist nicht weit von unserer alltäglichen Lebenspraxis entfernt. Zunächst soll unter einem Ding eine irgendwie geartete, als subsistent in Betracht kommende Seinsheit verstanden werden. Wichtig ist, dass sich dabei der Begriff Ding nicht nur auf Gegenständliches beziehen kann, sondern auch auf Ideen, Gott oder Ähnliches.

Die Lebenspraxis verlangt von uns, bestimmte Dinge als real anzunehmen. Es gibt also Inhalte unseres Denkens, denen wir Wirklichkeit, im Sinne von metaphysisch vorhandenen Seinsheiten, zuordnen. Da wären zunächst einmal die Gegenstände, doch darüber hinaus auch Nichtgegenständliches. Etwa wird sich in der Regel für einen Studenten das Examen als etwas sehr Wirkmächtiges erweisen und ist *für ihn* nicht weniger subsistent wie für einen Steinmetz der Marmorblock. Damit können wir nun definieren, was mit *Dinghaftigkeit* gemeint sein soll. *Dinghaft* ist all das, was *für* einen Menschen oder eine Vielzahl von Menschen *wie* ein metaphysisch vorhandenes Ding in Betracht kommt. Dinghaftigkeit ist also Subsistenz, insoweit diese für bestimmte Menschen oder Menschengruppen eine solche ist. Man könnte auch sagen, Dinghaftigkeit sei so etwas, wie subjektive Subsistenz. Für einen gläubigen Katholiken ist also die Mutter Gottes etwas dinghaftes, während sie dies für einen Atheisten nicht ist. Für diesen mag wiederum der marxistische Begriff des „Proletariats" entscheidende Dinghaftigkeit zukommen, der wiederum dem Esoteriker nichts bedeuten braucht. Gemäß ihrem Selbstanspruch kann man von der formalen Ontologie in dieser Begrifflichkeit sagen, sie untersuche in ihrer metaphysischen Enthaltsamkeit nicht die Dinge, sondern lediglich das, was sich in der Philosophie bzw. allgemein in der Kultur als dinghaft erweise.

In Bezug auf den Einzelmenschen ist bereits alles das dinghaft zu nennen, was einer gewissen *Gewohnheit* entspricht, und somit *für* den einzelnen Menschen als *etwas* Beachtung besitzt. Insoweit die in Gewohnheiten ersichtliche Dinghaftigkeit aber auf den einzelnen Menschen beschränkt bleibt, sollte man in unserem Begriffen noch nicht von Kultur sprechen, sondern nur in dem Maße, in dem diese Dinghaftigkeit von anderen Menschen als solche anerkannt wird und damit mehr ist als bloße Gewohnheit des Einzelnen. Mit diesem Begriff von *Dinghaftigkeit* soll also *Kultur* verstanden werden als alles *die menschlichen Fähigkeiten Betreffende*, insoweit es sich *für eine gewisse Vielzahl von Menschen als dinghaft* erweist, d.h. von ihr als dinghaft anerkannt wird. „Die menschlichen Fähigkeiten betreffend" meint zum einen alles, was durch diese zustande kommt, und zum anderen als ein solches wiederum für den Menschen in Betracht kommt. Insoweit etwas dinghaft im Sinne unserer Definition von Kultur ist, wollen wir von *kultureller Dinghaftigkeit* sprechen.

Am anschaulichsten mag der Zusammenhang von *Dinghaftigkeit* und Kultur im *schöpferischen Prozess* zu fassen sein, welcher diese in Einzelwerken hervorbringt. Das Heraustreten des Werkes als selbständige Größe, die in erster Hinsicht *für* den Schöpfer und in zweiter Hinsicht *für* den Rezipienten eine solche ist, mag wohl die prägnanteste Erfahrung an einem schöpferischen Prozess sein. Ob nun der Dichter die Erfahrung macht, dass seine Figuren gewissermaßen zu „leben" anfangen, und so den Ausgang der Handlung in einer bestimmten Weise nahelegen, oder ob der Komponist die Erfahrung macht, dass eine begonnene Komposition sich mit einer gewissen inneren Notwendigkeit fortsetzt, dessen „Erfühler" er eigentlich nur ist, immer begegnet dem Schöpfer ein hohes Maß an *Dinghaftigkeit*. Wird diese Dinghaftigkeit nun von anderen Menschen, also etwa dem Publikum oder den Kritikern, als solche anerkannt, so ist sie zur kulturellen Dinghaftigkeit geworden.

Nun kann man fragen, wie sich Dinghaftigkeit etwa in einer bestimmten Kultur ausmachen lässt. Ein gutes Kriterium für Dinghaftigkeit bietet sicher der *Sprachgebrauch*. Wenn also in einer Kultur über eine bestimmte Sache sehr viel gesprochen wird, was wir als *Sprachhaftigkeit* bezeichnen wollen,so kann dieser sicher ein hohes Maß an Dinghaftigkeit zugesprochen werden. Der Umkehrschluss von der Dinghaftigkeit auf die Sprachhaftigkeit ist allerdings nicht ohne weiteres möglich! Wir definieren also, sprachliche Dinghaftigkeit oder Sprachhaftigkeit als Dinghaftigkeit, insoweit sie durch den Sprachgebrauch zustande kommt.

Ein Beispiel dafür, dass Dinghaftigkeit und Sprachhaftigkeit nicht in eins fallen müssen, gibt das Sprechen über *Sexualität*. Zwar ist anzunehmen, dass das Sexuelle schon immer hohe Dinghaftigkeit besaß, dennoch wurde in einem ganz unterschiedlichen Maße darüber gesprochen. Spitzzüngige Zeitkritiker meinen sogar, dass die gegenwärtige hohe Sprachhaftigkeit des Sexuellen vor allem in den Medien zu einer Reduzierung ihrer Dinghaftigkeit führte[18], was nur sein kann, wenn Sexuelles in einem erheblichen Maße nicht sprachhaftige Dinghaftigkeit zukommen kann. Da jede Art von menschlichen Gruppengebilden ohne kulturelle Dinghaftigkeit nicht möglich sein dürfte, ist überall da, wo es zu solchen Gruppenbildungen kommt, mit Kultur zu rechnen. Dadurch, dass der Mensch nun Kultur hat, *eignet* er sich zugleich *Welt* an. Denn dadurch, dass in der Kultur Dinghaftes durch den Menschen gesetzt wird, ist es ihm in einem höheren Maße zu eigen als alles Natürliche. Das Natürliche ist dabei das Gegebene, insoweit es nicht durch den Menschen als ein so Gegebenes für uns in Betracht kommt. In einer barocken Gartenanlage etwa ist uns Natürliches zwar gegeben, aber in einer durch den Menschen geformten Weise, also kommt es in seinem Sosein als etwas durch den Menschen Geprägtes in Betracht. In dem Maße also, in dem der Mensch auch das Natürliche eben nicht hinnimmt, sondern kraft seiner Fähigkeiten in die eigene Lebenspraxis einbezieht, macht er das Natürliche zu etwas „Kultürlichem". Weltaneignung soll als der Inbegriff der Akte verstanden werden, die sich auf kulturelle Dinghaftigkeit beziehen. Dies beinhaltet ein Zweifaches: Sie kann *abbildend* und *ausbildend* geschehen, indem sich der Mensch sowohl ein *Bild* des Gegebenen macht, als auch Eigenes sich *bildet*.

Von dieser Bestimmung des Kulturbegriffs ausgehend werden wir nacheinander zwei wesentlichen Momente desselben untersuchen. Da Kultur immer eine Vielzahl von Menschen voraussetzt, durch welche Dinghaftigkeit anerkannt wird, können wir also danach fragen, wie und auf welche Weise es möglich ist, dass Menschen solche Gruppen bilden. Wir steilen also die Frage nach den sozialen, juristischen, ökonomischen und letztlich politischen Ordnungen, in welchen sich der Mensch wiederfindet, und welche die *Relationen* der Anerkennung die für Kultur überhaupt nötig sind. Natürlich handelt es sich auch dieser Ordnungen um Kultur, da jeder Form des sozialen Zusammenschlusses, insoweit sie vorgefunden wird, Dinghaftigkeit zukommt. Und nur in dem Maße, in dem das der Fall ist, kann diese Menschen auch anderweitige Dinghaftigkeit anerkennen. Alle Kultur aber, die unmittelbar dem Zusammenleben der Menschen als Gruppe dient, soll im folgenden Kultur des, sozialen Beziehens oder *Sozialkultur* genannt werden. Zu diesem Moment werden wir im zweiten Abschnitt der „Kulturellen Deduktionen" ein paar grundlegende Be-

---

[18] Vgl. Florian Illies: „Die völlige Sexualisierung unserer Umwelt in Fernsehen und Werbung hat zu einer Entsexualisierung unseres Verhaltens geführt. Als der Spiegel 1999 Jugendliche fragte, wie wichtig für sie Sex sei, sagten 75% Prozent »nicht sehr Wichtig« Florian Illies: Generation Golf Argon, 2000.

merkungen machen. Zunächst wollen wir anhand der Subsistenzunterkategorie der Dinghaftigkeit einen schärferen Begriff von Kultur herausarbeiten, um der engeren Bedeutung, den dieser im alltäglichen Gebrauch besitzt, gerecht zu werden.

3.1.2 Hochkultur und Wert

Die Welt des Menschen wird durch unterschiedlichste kulturellen Dinge gebildet. Gebrauchen wir aber den Begriff Kultur, so drängt sich ohne weiteres die Frage auf, wie diese mannigfaltigen Dinge wie ein Misthaufen, eine Tageszeitung oder der David von Michelangelo sich weiter unterscheiden lassen, und es uns möglich ist, einen Begriff von *höherer geistiger Kultur* oder *Hochkultur* zu bilden, den der Misthaufen gänzlich entbehrt, die Tageszeitung teilweise und Michelangelos „David" gar nicht. Wir wollen uns ferner darum bemühen, einen Begriff von Hochkultur zu schaffen, der nicht nur bestimmte Kulturen, etwa den europäischen, eine solche zuspricht, sondern der sich als etwas universell Kulturelles erweist. Wo Kultur ist, soll in unseren Begriffen auch Hochkultur sein, indem sie gewissermaßen die „Spitze" einer Einzelkultur kennzeichnet.

Um einen solchen Begriff von Hochkultur zu entwickeln, müssen wir unsere Begriffsscholastik noch ein wenig weiter ausbauen. Zunächst wollen wir in Zusammenhang mit Hochkultur von *Kulturdisziplinen* sprechen, als von Traditionen kultureller Tätigkeit, die sich über mehrere kulturgeschichtliche Epochen hinweg verfolgen lassen. Hochkultur, wie sie uns beispielhaft in Kulturdisziplinen wie Philosophie oder Kunst begegnet, scheint auf eine besondere Weise gegenüber anderen Kulturerscheinungen ausgezeichnet zu sein. Um diese Auszeichnung genauer herauszuarbeiten, führen wir den zentralen Begriff der letztendlichen Dinghaftigkeit ein. *Letztendliche Dinghaftigkeit* ist dabei Dinghaftigkeit, insoweit ihr zugebilligt wird, dass nichts in Betracht kommt, dem höhere Dinghaftigkeit zuzusprechen ist. Letztendliche Dinghaftigkeit ist damit für einen oder mehrere Menschen letztendliche Subsistenz, in dem Sinne, als für die entsprechende Anzahl von Menschen nichts in Betracht kommt, dem höhere Subsistenz zuzusprechen ist. Damit kann für sie letztendlich Dinghaftes nicht als Relation von etwas, noch kann seine Dinghaftigkeit in Bezug auf anderes Dinghafte als eingeschränkt gedacht werden. Insbesondere ist letztendlich Dinghaftes als dasjenige anzusehen, welches den Menschen letztendliche Auskunft irgendeiner Art über sein Dasein gibt, sowie über das, was ihm außerhalb seiner selbst als Welt gegeben ist.

Dies heißt nicht, dass es in der zeitlichen Evolution einer Kulturdisziplin nicht so etwas geben kann wie die Verlagerung dessen, was als letztendlich dinghaft gilt. Denn insoweit als man sich der Geschichte einer Kulturdisziplin erinnert, kann dies natürlich bedeuten, dass Vergangenes im Nachhinein als nicht letztendlich dinghaft beurteilt wird. Vielmehr kennzeichnet unser Begriff von letztendlicher Dinghaftigkeit den Anspruch von Hochkultur zu einem bestimmten Zeitpunkt.

Daraus ergibt sich folgender Begriff von Hochkultur: *Hochkultur* umfasst kulturelle Tätigkeit, insoweit sie dem Menschen letztendliche Dinghaftigkeit vermittelt. Sie ist also *Weltaneignung letztendlicher kultureller Dinghaftigkeit.*

Bevor wir den Gehalt dieser Definition weiter ausfalten,wollen wir zunächst noch ein paar weitere Begriffe entwickeln, welche uns bei der Diskussion von Hochkultur hilfreich sein werden.

Betrachtet man die gedankliche Repräsentation dessen, was letztendlich dinghaft ist, so hat man es mit einem *Weltbild* zu tun. Dagegen liegt *Weltanschauung* vor, wenn letztendlicher Dinghaftigkeit zugestanden wird, sich im Handeln zu verwirklichen. Dies ist insbesondere dann der Fall wenn letztendlich Dinghaftes Handeln und damit den Handelnden einschränkt. In der Weltanschauung wird also aus letztendlich Dinghaftem letztendlicher Metahorizont des Handelnden. Wichtig ist, dass *Weltbild* und *Weltanschauung* darin übereinkommen, auf *letztendliche Dinghaftigkeit* zu beruhen. Dennoch muss nicht jedes Weltbild zugleich mit einer Weltanschauung verbunden sein, da es durchaus möglich ist, im Weltbild übereinzustimmen, aber entgegengesetzte Weltanschauungen zu besitzen. So kann der *Glaube* an *die Existenz Gottes* dazu führen, sich *für* oder *gegen* diesen Gott zu entscheiden. Im Weltbild stimmen beide Ansichten überein, wenngleich sie in der Weltanschauung gegensätzlich sind. Und umgekehrt kann es durchaus Weltanschauung geben, welche nur Bestandteile eines Weltbildes benötigt. So reichen für die Weltanschauung eines Menschen schon gewisse Lebenserfahrungen aus, die sich für für diesen Menschen als *letztendlich dinghaft* erwiesen haben, etwa wenn er nicht mehr an die Liebe zwischen den Geschlechtern glaubt, da er entsprechende Enttäuschungen erlebt hat. Ob dieser Mensch deshalb ein *materialistisches* oder *idealistisches* Weltbild hat ist damit noch lange nicht ausgesprochen.

Weltanschauung vermag es gegenüber einem bloßen Weltbild *Werte* zu setzen. Ein *Wert* ist dabei zu verstehen als etwas Dinghaftes, dem zubilligt wird, sich im Handeln des Menschen zu verwirklichen. Damit ist insbesondere all das als Wert anzusehen, welchem zugestanden wird, Handeln einzuschränken, ohne dass diese Einschränkung naturgegeben ist. Dabei ist hinzuzufügen: auf welche Weise auch immer, sei es durch vorbildhaftes Beispiel, Verbote oder Gebote.

Wir wollen, gemäß dieser Bemerkung zur Definition des Wertbegriffes, diesen noch weiter unterscheiden: Eine *Norm* soll verstanden werden als ein Wert, insoweit er durch *Prädikation* zur Geltung kommt. Während ein *Paradigma* ein Wert ist, insoweit er durch *Ähnlichkeit* zur Geltung kommt. Der Begriff der *Ähnlichkeit* ist bereits eingeführt. In der dualen Gestalt von Wert und verwirklichender Handlung ist das Paradigma also ein Wert, welcher der verwirklichenden Handlung entspricht, indem er selbst wieder eine Handlung ist. Wenn zum Beispiel eine allgemein anerkannte wissenschaftliche Leistung, einer Gruppe von Fachleuten maßgebliches Beispiel für Probleme und Lösungen liefert, so ist diese Leistung in unserem Sinne als Paradigma zu bezeichnen.[19] Demgegenüber ist eine Norm eine begrifflich ausformulierte Forderung, die an Handlungen einer bestimmten Klasse gestellt werden. Damit dies möglich ist, kann solches nur durch einen rationalen Sprachgebrauch geschehen, den wir als Prädikation bezeichnet haben. Ein Beispiel für eine Norm ist Kants kategorischer Imperativ.

Noch zwei Beispiele für den Unterschied zwischen Norm und Paradigma seien hier angeführt. Es ist auffällig, dass es gerade in Wissenschaften, von denen bisweilen der Mangel an Paradigmen beklagt wird, eine auffällige Tendenz gibt, Normen für das wissenschaftliche Arbeiten zu entwickeln. So ist es in der Psychologie sehr genau geregelt, wie man zu zitieren hat, und Manuskripte werden von den Herausgebern an die Autoren zurückgeschickt, wenn auch nur geringfügige Abweichungen von diesen Normen vorliegen. Ein solches Verhalten wäre etwa in der Physik kaum denkbar. Man könnte

---

[19] Der Begriff „Paradigma" wurde von Thomas Kuhn geprägt, in seinem berühmten Buch „Die Struktur Wissenschaftlicher Revolutionen", welches im englischsprachigen Original zum ersten Mal 1962 erschien. Das hier angeführte Beispiel von Paradigma ist weitestgehend mit dem Kuhnschen Begriff identisch. Dieser verwendet u.a. folgende Definition: „Darunter [Paradigmata] verstehe ich allgemein anerkannte wissenschaftliche Leistungen, die für eine gewisse Zeit einer Gemeinschaft von Fachleuten maßgebende Probleme und Lösungen liefern." (vgl. Kuhn: Die Struktur wissenschaftlicher Revolutionen, 1970, S.10). Vorsicht ist jedoch bei Dingen wie der „Kopenhagener Interpretation" geboten, da diese in unserem Sinne als Norm (siehe unten) zu bezeichnen wäre, die aber durchaus unter den Kuhnschen Begriff des Paradigmas zu fassen ist. Dies liegt daran, dass Kuhn mit seiner Definition nicht sehr streng umgeht.
So diversifiziert Kuhn im Postskriptum des Buches von 1969 den Begriff des Paradigmas, indem er feststellt, dass in seiner ursprünglichen Darstellung neben dem oben dargestellten Begriff noch ein weiterer Gebrauch des Begriffes „Paradigma" dinghaft geworden ist, nämlich Paradigma als die „Konstellation von Meinungen, Werten, Methoden, usw., die von den Mitgliedern einer wissenschaftlichen Gemeinschaft geteilt werden." (Kuhn, 1970, S. 186) Dieser zweite Begriff von Paradigma ist vom formalontologischen Begriff von „Paradigma" zu unterscheiden.

also sagen, der Mangel an Paradigmen wird durch Normen zu kompensieren versucht, da ja beides Werte sind. Ein anderes Beispiel liefert die Arbeit eines Journalisten, der versucht, gewissen Trends nachzuspüren. Nehmen wir an, er schreibe für das Szeneblatt einer Metropole, Seine Aufgabe bestehe darin, aufzuspüren, welche Kneipen und Clubs gerade „angesagt" sind. Er mache sich also auf die Suche nach paradigmatischen Verhalten. Wenn er nun aber dieses Verhalten in journalistischer Weise reflektiert, wandelt er das Paradigma in eine Norm, da nun jeder nachlesen kann: „Aha, da und da muss ich hingehen, wenn ich hip sein will." Da aber paradigmatisches Verhalten in der Regel höher bewertet wird als Normerfüllung, ist damit der Trend bereits wieder entwertet. Vielleicht der Mangel an nachhaltigen Trends, vergleichbar etwa mit der Hippiebewegung, in der Gegenwart gerade daran, dass jeder Ansatz eines solchen sofort durch die Medien aufgegriffen und ausgeschlachtet wird.

Werte lassen sich aber noch auf eine andere Weise unterscheiden, welche von der Unterscheidung nach *Norm* und *Paradigma* unabhängig ist. So kann ein Wert in Betracht kommen, insoweit er dazu dient andere Werte zu verwirklichen, oder aber insoweit er um seiner selbst willen angestrebt werd. Im ersten Fall sprechen wir von *zweckhaftem Wert* oder *Zweck*, im zweiten Fall von sinnhaftem *Wert* oder *Sinn*. Entspricht etwas einem sinnhaften Wert, so wird es in der Regel *gut* genannt, entspricht es dagegen einem zweckhaften Wert, so bezeichnet man es als *nützlich*. Anhand von *Sekundärtugenden* wie Pünktlichkeit, welche zweckhafte Werte sind, lässt sich die letzte Unterscheidung gut verdeutlichen. Vereinbaren zwei Menschen einen Termin, so ist dabei Pünktlichkeit nur dann ein Wert, wenn die gemeinsam verbrachte Zeit *wertvoller* verbracht wird, als die Zeit des Wartens auf das Zusammentreffen.

Die hier vorgetragene Unterkategorisierung des Wertbegriffes lässt sich verstehen als eine subkategoriale Entfaltung der formalontologischen Kategorisierung in Hinsicht au den Wertbegriff. Da der Gehalt unseres kulturellen Wertebegriffes als etwas Dinghaftes, dem zugestanden wird, sich in Handeln zu verwirklichen, selbst eine spezielle Stellung in der Dimension der kategorialen Basis einnimmt, bleibt noch die Unterscheidung nach Metahorizont, bzw. nach Analogie und Rationalität. Werte sind natürlich als Metahorizonte des Handelns bzw. des Handelnden zu verstehen. Als solche können sie *letztendlich* sein, also um ihrer selbst Willen angestrebt werden, oder Werte um anderer Werte willen, also Subhorizonte der Werthaftigkeit bezüglich höherer Werte, was unserer Unterscheidung von Sinn und Zweck entspricht. Die Unterscheidung Zwischen Paradigma und Norm entspricht klarerweise der zwischen Analogie und Rationalität, insoweit ersteres eben durch Ähnlichkeit, zweitere durch Prädikation zur Geltung kommt.

Nach diesen Ausführungen über den Wertbegriff wollen wir nun endlich unseren Begriff von Hochkultur genauer untersuchen. Hochkultur hatten wir ja verstanden als die Kultur, welche sich als *Weltaneignung letztendlicher Dinghaftigkeit* begreifen lässt. Wenn also die Aneignung letztendlicher Dinghaftigkeit in der Hochkultur verortet wird, so kann auch hier allein die Auseinandersetzung mit *Weltanschauung* und *Weltbild* stattfinden. Zugleich ist aber jede Form von Hochkultur entweder weltanschaulich oder weltbildlich, da letztendliche Dinghaftigkeit entweder *an sich* in Betracht kommt, oder in seiner *Wirkung* auf das Handeln des Menschen. Hochkultur vermag allein *sinnhafte Werte* zu setzen, die zugleich als überindividuell anerkannt werden, da solchen Werten letztendliche Dinghaftigkeit zukommt. *Damit ist Hochkultur selbst etwas um seiner selbst willen Betriebenes, dem allgemeine Bedeutung zugebilligt wird. Insoweit es in einer Kultur also um eine entsprechende Reflexionskultur gibt, wird Hochkultur beurteilt als etwas, das um seiner selbst willen betrieben wird, aber als solches im Prinzip für jeden Menschen von Belang ist. Darin liegt der besondere Ernst und bisweilen auch Pathos hochkultureller Tätigkeit.*

Damit ist nun aber zugleich vieles, was als Kultur zu bezeichnen ist, von der Hochkultur ausgeschlossen. So etwa jede Weltaneignung, die bestimten Zwecken dient, wie etwa das Bügelbrett dem Plätten der Wäsche, alles Technische und im alltäglichen Sinne Nützliche. Zwar werden Steckenpferde wie Briefmarkensammeln auch um ihrer selbst willen betrieben, doch wird ihnen in der Regel nicht zugestanden, als solche von allgemeinem Belang und im Prinzip für jeden Menschen wichtig zu sein.[20]

Es ist jedoch wichtig, und das lassen diese Beispiele schon erahnen, dass es im Grunde eine offene Frage ist, welche kulturelle Betätigung nun als Hochkultur gilt, und welche nicht. Der Kampf verschiedener kultureller Tätigkeiten innerhalb einer Kultur um die Anerkennung *als* Hochkultur ist eines der wichtigsten Bewegungsmomente der Kulturgeschichte. So mag die Begeisterung für einen bestimmten Fußballklub für einen Einzelnen oder eine Gruppe den Charakter letztendlicher Dinghaftigkeit haben, was die etablierten kulturellen Eliten allerdings kaum anerkennen werden. Auch zwischen den Kulturen wird diese Problematik deutlich: Ein buddhistischer Mönch etwa sieht vielleicht in den westlichen Naturwissenschaften alles andere als die Aneignung letztendlicher Dinghaftigkeit. Wie in einer kulturwissenschaftlichen Untersuchung ausgemacht wird, was nun in einer bestimmten Kultur als Hochkultur zu gelten

---

[20] Ein weiterer wichtiger Grenzfall zur Hochkultur bildet der Sport. Insoweit dieser dazu dient, eine gute Figur zu bekommen oder Siege zu erringen, kann er nicht als letztendlich angesehen Werden. Wird er aber um seiner selbst willen betrieben, so kann er in der Tat, wenigstens für den Einzelnen, den Status von Letztendlichkeit bekommen. Da hierzu aber dem trainierten Körper letztendliche Dinghaftigkeit zugebilligt werden muss, wobei das Training Zugriff auf die Dinghaftigkeit des Körpers ist, um ihm Letztendlichkeit zu verleihen, kann dies als eine Art Ersatzreligion zu einem materialistischen Zeitgeist angesehen werden. Ähnliches kann vorliegen, wenn Sex nicht als Zeichen liebender Hingabe praktiziert wird, sondern daraus so etwas wie ein Hobby wird.

hat, ist durchaus nicht leicht zu beantworten, insbesondere wenn die Kultur nur mittels historischer Spuren zugänglich ist, und wir über keine schriftlichen Zeugnisse verfügen, welche uns als Quelle letztendlicher Sprachhaftigkeit dienen könnte.

3.2 Die Deduktion der Kulturdisziplinen

Nachdem wir nun also einen Begriff von Hochkultur gefunden haben, der letztlich auf die Bestimmung eines ausgezeichneten Begriffes von „Dinghaftigkeit" hinauslief, wollen wir unser Kategoriensystem weiter befragen, welche Arten von Weltaneignung letztendlicher Dinghaftigkeit zu unterscheiden sind. Ziel ist es, eine Bestimmung der Kulturdisziplinen *Kunst, Religion, Einzelwissenschaft* und *Philosophie* zu erreichen. Dies ist insofern ein herausragendes Ziel des formalontologischen Denkens, als es ein wichtiger Bestandteil der Heuristik der Kategorien der zweiten Vermittlung ist, einen Begriff von „Geist" oder „geistig" zu ermöglichen, der nicht notwendig „Rationalität" beinhaltet. Als Musterbeispiele dieses „geistigen" aber „nichtrationalen" Denkens dienen eben Kunst und Religion in Abgrenzung von den „rationalen" Disziplinen der Wissenschaften.

Bei den folgenden Begriffsbestimmungen wird je eine *duale Gestalt* als für eine Kulturdisziplin charakteristisch gekennzeichnet. Im Falle von *Religion* und *Philosophie* ist das kulturtätige Subjekt *Subhorizont* eines *letztendlichen Metahorizontes* und im Falle von *Kunst* und *Einzelwissenschaft* Metahorizont eines *objekthaften, (letztendlichen) Subhorizontes*. Dabei werden jeweils die *Subhorizonte* nach *analog* und *rational* unterschieden, wodurch sich die Unterscheidung zwischen Religion und Philosophie einerseits und zwischen Kunst und Einzelwissenschaft andererseits ergibt. Im Rahmen dieser ersten Darstellung kann es nicht darum gehen, dieses Vorgehen theoretisch zu rechtfertigen, und es ist fraglich, ob eine solche Rechtfertigung überhaupt möglich ist. Es sind also vor allem die Resultate, die begriffliche Bestimmung der vier genannten Kulturdisziplinen, um derentwillen wir ausgerechnet *diese* gedankliche Konstruktion wählen.

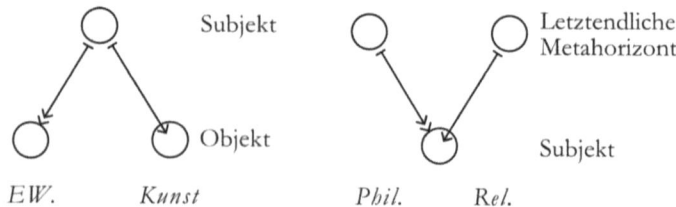

Abbildung 12: Die vier dualen Gestalten zur Rekonstruktion von (a) Einzelwissenschaft und Kunst und Philosophie und Religion.

Um nun unser Kategoriensystem zu befragen, wollen wir das Verhältnis von kulturellem Subjekt und letztendlich Dinghaftem in eine *duale Gestalt* fassen. Ob das Subjekt dabei Metahorizont oder Subhorizont ist, hängt davon ab, was wir unter „Welt" verstehen, wenn wir von „Weltaneignung" sprechen.

Liegt „Welt" als etwas vor, welches Objekt des Subjektes sein kann so liegt es als Einzeldingliches vor. Damit ist aus dem Gegebenen in irgendeiner Form abgrenzbar und eröffnet sich dem aktivem Handeln des Subjektes. Das Subjekt vermag also Metahorizont zu sein, sind die Objekte doch Ziel seines selbsttätigen Handelns, welche demnach als Subhorizonte anzusprechen sind. Die erste Art von Hochkultur ergibt sich, wenn die Einzeldinglichen Subhorizonte der Weltaneignung *rational* sind. Dies ist dann der Fall, wenn sie nur insoweit in Betracht kommen, als diese Träger bestimmter Eigenschaften sind, und sich somit über Klassen von Einzeldingen in allgemeingültiger Weise reden lässt. I n s o w e i t d i e s e m i n e i n e r p r ä d i z i e r e n d e n S p r a c h e g e f ü h r t e n D i s k u r s ü b e r d i e E i n z e l d i n g e l e t z t e n d l i c h e D i n g h a f t i g k e i t z u g e b i l l i g t w i r d , h a b e n w i r e s m i t *E i n z e l w i s s e n s c h a f t e n* z u t u n . Einzelwissenschaft ist also die rationale Aneignung letztendlicher Subhorizonte bzw. die Aneignung der letztendlicher Subhorizonte, insoweit diese rational sind.

Die Sprechweise „Aneignung letztendlicher Subhorizonte" kann zu Missverständnissen führen. Zwar wird sich ein solches Denken in der Regel darum bemühen, „letztendliche Elemente", „Elementarteilchen" des Einzeldinglichen auszumachen, doch soll dies nicht den Blick darauf verstellen, dass in den Einzelwissenschaften „zwischen" Subjekt und Objekt zunächst einmal die durch den rationalen Sprachgebrauch geschaffenen Klassen von Prädikaten treten. Theorien schließlich stellen logische Verknüpfungen dieser Prädikate dar. Somit sind die letztendlichen Subhorizonte nicht in den Objekten zu suchen, sondern in den Theorien, d.h. in den in ihnen enthaltenen Aussagen, welchen, bezogen auf die Welt des Einzeldinglichen,

Letztendlichkeit zugesprochen wird. Wir hatten dabei von einem „Dazwischentreten" gesprochen, da Theorien als Metahorizonte der dinglichen Welt und als Subhorizonte der Subjekte angesprochen werden können. Unsere zunächst als dual verstandene Gestalt erfährt dadurch Gestaltvertiefung. Bildlich gesprochen bekommt so rationales Denken schichtenartige Züge, in welchem vergleichsweise objektnahe Begriffe (z.b. ein bestimmter Ort) durch Schichten höheren Abstaktionsgrades überbaut werden.

Sind die Subhorizonte einzeldinglicher Weltaneignung *analog*, so sind sie nicht entfremdet. Das heißt aber, dass sie nicht als Klasse von Einzeldingen angeeignet werden, sondern als je *Einzelner, Einmaliges* und *Einzigartiger*. Zu letztendlicher Weltaneignung kann es in Bezug auf einmalig Einzeldingliches insbesondere dann kommen, wenn diese Einzeldinge vom kulturellen Subjekt hervorgebracht werden. Eine solche Weltaneignung findet sich in der *Kunst* wieder, wobei zunächst keine Kunstform ausgeschlossen werden soll. Kunst ist all jene Weltaneignung, in welcher ein Einzelding, ob gegenständlich wie in der Malerei oder nichtgegenständlich wie in der Musik, hervorgebracht wird, dem als einmaliges Objekt letztendliche Dinghaftigkeit zugesprochen wird. Wichtig bei unserer Bestimmung von Hochkultur ist aber, dass sie nicht nur auf *kreative* Kulturtätigkeit anwendbar ist, sondern auch auf *rezeptive*. Wer sich also in einer Weise um die Rezeption von *Hochkultur* bemüht, der wiederum letztendliche Dinghaftigkeit zugesprochen werden kann, betreibt ebenfalls Hochkultur.

Es mag etwas verwundern, dass wir einem Kunstwerk ebenfalls letztendliche Dinghaftigkeit zusprechen wollen, heißt letztendliche Dinghaftigkeit doch in etwa so viel wie „das, was für jemanden letztlich Bestand hat" oder „das, was für jemanden letztlich „zählt". Einleuchtend ist, dass die wissenschaftliche Prädikation, die auf das Gesetzmäßige der Einzeldinge abzielt, damit auch auf letztendlich Dinghaftes bezogen ist. Aber warum auch die Kunst?

Hier gilt es nachzuvollziehen, dass die Einzelwissenschaften nur einen Aspekt eines uns vereinzelt Gegebenen treffen, Nehme ich etwa eine Photographie, so wird mir ein Chemiker genau sagen können, welche chemischen Prozesse dazu geführt haben, dass ein bestimmtes Bild zu sehen ist. Insoweit die gegensätzliche Welt allgemeingültigen Gesetzen unterworfen ist, teilt er mir mit, was nach derzeitigem Stand der Wissenschaft als letztendliche Ursache für das Zustandekommen der Photographie anzusehen ist. Dennoch kann die Photographie für mich eine ganz individuelle Bedeutung haben, etwa weil sie einen bestimmten, mir nahestehenden Menschen abbildet und weil ich sie in einer besonderen Situation geschenkt bekommen habe. Vielleicht steht auf der Rückseite noch ein für mich bestimmter Gruß. All das macht dieses Foto *für mich* zu etwas weitaus Dinghafterem, als ein Foto von einer mir unbekannten Person. Kunst ist nun gerade die Kulturdisziplin, die jene besondere Form analogischer Einzeldinglichkeit in letztendlicher Weise aneignet. Im Gegensatz zu dem Foto, das *nur mir* etwas zu bedeuten braucht, strebt der Künstler nach einer Dinghaftigkeit, die auch vom Publikum als solche anerkannt wird, da er ja Kultur schafft.

Nach unserer Bestimmung von Kunst ist es sofort klar, welches die wichtigsten Argumente sind, will man einem Werk seinen Status als „Kunst" absprechen. Zum einen kann man sagen, das Kunstwerk sei nicht letztendlich dinghaft. Es sei also „flach" oder „nicht zugänglich" (wodurch die Anerkennung durch andere Menschen schwerfällt) und es gebe andere Kunstwerke, die klar als dinghafter angesehenen sind. Dies heißt nichts anderes, als dass das so entwertete Kunstwerk von der maßgeblichen Menschengruppe nicht für würdig befunden wird, als so subsistent zu gelten, wie anerkannte Kunstwerke. Oder aber es wird dem Werk die Einmaligkeit abgesprochen, da es sich um ein Plagiat im Sinne einer direkten Kopie oder im Sinne eines unkreativen Imitates handelt.

Es lässt sich daran anschließend eine bemerkenswerte Querverbindung ziehen. Wenn man nämlich von der Forderung ausgeht. Kunst habe stets *Einmaliges* zu schaffen, so kann man fragen wie es zu denken ist, dass ein solches zustande kommt. Ist es analogisch zu denken im Sinne einer *Variation* eines traditionellen Musters, so würde eine solche Kunst nach dem derzeitigen Kunstverständnis wenig Anerkennung finden. Dagegen kann in einer Zeit, in welcher analogisches Denken (im Sinne von Denken in analogen Strukturen) zunehmender Rationalisierung zum Opfer fiel, Einmaligkeit allein durch die *Schaffung von Neuem* gedacht werden. Die *positive Konnotation des Neuen* ist aber einer der wichtigsten Topoi in der Auseinandersetzung um die Begriff „Moderne" bzw. „Modernisierung", mit welchen sich die Gegenwart selbst zu begreifen versucht. Hierin legt als erster Hinweis darauf, wie die Begriffe *Rationalität* und *Analogie* dazu dienen können, die Geschichte der Neuzeit zu schreiben als eine Geschichte zunehmender Rationalisierung.

Kunst wie wir sie definiert haben, basiert auf einem Minimalbegriff von *Analogie*. E s   w a r e n   n ä m l i c h   d i e   O b j e k t e   d e s k ü n s t l e r i s c h e n   S c h a f f e n s ,   w e l c h e n   w i r   A n a l o g i e z u g e s p r o c h e n   h a t t e n .   I n   d i e s e m   S i n n e   w o l l e n   w i r v o n   d e r   *A n a l o g i e   d e r   O b j e k t e s*   s p r e c h e n .   Die Notwendigkeit eines solchen Minimalbegriffes ergibt sich aus der Tatsache, dass mit zunehmender Rationalisierung der abendländischen Kultur die Kunst ebenfalls in einer Weise rationalisiert wurde, dass weitreichendere Analogien, welche sich ebenfalls in der Kunst verwirklichen lassen, ausgeschieden wurden.

In der abendländischen Malerei etwa kann man etwa ganz unterschiedliche Maße an Analogie ausmachen. Sollen Ordnungen und Geschehnisse vom Range des Übernatürlichen abgebildet werden, so kann dies soweit gehen, dass das Kunstwerk als *Mikrokosmos* erscheint, also als Abbild des Kosmos im Kleinen. Eine analogische Kunstauffassung, die insbesondere Übernatürlichen in ihre Darstellungen mit einbezog, war für das Mittelalter charakteristisch. Mit der Wende zur Neuzeit verschwanden Natürliches und Übernatürliches übergreifende Ähnlichkeitsbeziehungen. Oder anders ausgedruckt: es wurde nun erst eigentlich auf eine strenge Weise zwischen Natürlichem und Übernatürlichem *unterschieden*.

Mit der Renaissance-Malerei bleiben Ähnlichkeitsbeziehungen auf das gegenständlich Gegebene beschränkt, wobei dieser nun umso größere Aufmerksamkeit geschenkt wurde. Damit war das realistische Paradigma der Malerei gesetzt ist: Kunst als *Nachahmung der Natur*. Eine weitere Einschränkung hebt auch diese Ähnlichkeitsbeziehung auf, und was bleibt, ist das analoge Verhältnis von *Künstler* und *Kunstwerk*. Dieses wird umso bedeutender, als die anderweitigen Analogien verloren gehen. Zwar wäre es zu viel gesagt, von einer *Ähnlichkeit* von Künstler und Kunstwerk zu sprechen, doch kann man den Begriff Analogie in Bezug auf das schöpferische Subjekt insoweit verwenden, als der Künstler sich in Bezug auf das Kunstwerk tatsächlich im hohen Maße sich selbst als ganze und einmalige Person verwirklicht. Sind die Kunstwerke nicht nur in einem äußerlichen Sinne *authentische* Zeugnisse ihres Schöpfers, da sie von diesem hervorgebracht werden, sondern darüber hinaus auch noch in einem tieferen Sinne, nämlich indem der Künstler sich mittels eines einmaligen, ihm persönlich zuzuordnenden *Stil* ein authentisches Zeugnis seiner letztendlichen Auseinandersetzung mit den Dingen in einem Objekt vereinzigartigt. Die duale Gestalt von Künstler und Kunstwerk ist dabei durch beidseitige Authentizität gekennzeichnet, das Kunstwerk dadurch, dass es durch den Künstler hervorgebracht wird, und der Künstler indem er durch das Kunstwerk ein authentisches Zeugnis seiner künstlerischen Auseinandersetzung gibt. In dieser Auseinandersetzung an einem gegebenen Einzelnen wird das Objekt zum Zeugnis eines Prozesses letztendlich dinghafter Notwendigkeit. Nach diesem Kunstverständnis kommt dem Künstler also größtmögliche Bedeutung zu.

Obschon uns ein solches Kunstverständnis heutzutage nicht allzu fremd anmutet, beinhaltet es dennoch Analogen, die über die Minimal-Analogie des Objektes, welche uns Kunst bestimmen, hinausgeht. Denn für eine solche ist in der Tat der Künstler nicht notwendig, und fällt die Analogie des Künstlers, seine künstlerische Authentizität, weg, so spielt der Künstler keine Rolle mehr. Dies ist nichts anderes als der *Tod des Künstlers*, als bislang eine der letzten Etappen der Rationalisierung der Kunst.

Es muss jedoch zugestanden werden, dass es Formen der modernen Kunst gibt, welche durch unsere Bestimmung von Kunst nicht getroffen werden, etwa Warhols „Brillo Boxes" oder Duchamps „Fountaine"[21] Dies liegt freilich daran, dass hierbei die Rationalisierung von Kunst so weit vorangetrieben wurde, dass man es eigentlich nur mehr mit einer philosophischen, meist kunstphilosophischen Reflexion zu tun hat, welche sich des Kunstwerkes lediglich als didaktisches Mittel bedient. Hier versagt unser wissenschaftlichen Begriff von Kunst. Im nächsten Abschnitt werden wir den Begriff „Signatur" kennen lernen, mit dessen Hilfe es möglich ist, am realen Kunstgeschehen orientierten Begriff von „Kunst" zu gewinnen, unter welchen dann auch Warhol und Duchamp fallen würden. Dies würde daraus hinaus laufen, eine Merkmalsliste für das zu erstellen, was als Kunst zu bezeichnen ist etwa „findet in Galerien statt", „wird vom Feuilleton beachtet", usw.

In Kunst und Einzelwissenschaft ist also jeweils das kulturelle Subjekt Metahorizont eines eines Objektes, welches entweder als Einmaliges oder als Gesetzen Unterworfenes und damit als Anderen gleiches in Betracht kommt. Will sich der Mensch aber einem letztendlichen Metahorizont aneignen, etwa weil er sich sinnhafte Werte setzen will, so wird er selbst zum Unterworfenem, zum Subhorizont. Ist dieser Subhorizont nun rational, so geschieht die Aneignung unter Absehung der individuellen Besonderheiten des kulturellen Subjek-

---

[21] Diesen Hinweis verdanke ich Goda Plaum.

tes. Damit strebt er in der Form seiner Weltaneignung nach *Allge-meingültigkeit* der Aneignung, welche weder durch tätiges Handeln geschehen kann, noch durch Wahrnehmung, sondern allein durch Denken und insoweit sie mitgeteilt wird, im Medium der Sprache. Es ist nun nicht wichtig, ob gemäß unseres vorläufigen Begriffes von Philosophie die Frage nach der Welt als Ganzem[22] gestellt wird, nach Gott oder nach den letztendlichen Bedingtheiten unserer Subjektivität, ob man sich in seiner Auseinandersetzung für einen materialistischen Determinismus entscheidet oder einen Pantheismus. Selbst wenn alle „metaphysischen" Fragen zu Scheinproblemen erklärt werden und allein die Sprachkritik bleibt, immer ist es ein *letztendlichen Metahorizont*, der sich dem denkenden Subjekt eröffnet.

Der Begriff Metahorizont erweist sich hier, wie auch später bei den Betrachtungen zur Religion, als nützlich, ein allgemein Übergeordnetes zu bezeichnen. Für einen gottgläubigen Menschen ist der letztendliche Metahorizont natürlich Gott. Aber ein Atheist wird an dessen Stelle etwas anderes haben, das, will man beide Positionen als zu einer gemeinsamen Kulturdisziplin gehörend kennzeichnen, auf einen Begriff gebracht werden muss.

Und in Zeiten, in denen es tabuisiert ist, sich in öffentlichen Auseinandersetzungen auf letztendliche Metahorizonte herkömmlich metaphysischer Art zu berufen, treten an deren Stelle Horizonte wie die Nation, die Natur, die Menschenrechte oder der Markt und führen zu entsprechenden Weltanschauungen wie Nationalismus, Ökologismus, Humanismus oder Kapitalismus.

In der *Religion* nun ist das kulturelle Subjekt analoger Subhorizont. Dies heißt, es ist als ein sich auf den letztendlichen Metahorizont beziehender nicht entfremdet. Als ein je einmaliges Individuum bezieht es sich also auf das letztendlich Übergeordnete, das heißt insbesondere in Akten der *Hingabe*, des *Vertrauen*: und der *Meditation*. Man könnte auch sagen, hier geschieht die einzig *authentische* Aneignung eines letztendlichen Metahorizontes. Als Teil seiner Einmaligkeit bezieht es sich auch mit seiner ganzen *Geschichte* sowie den *persönlichen Zukunftsaussichten* auf den religiösen Metahorizont.

Nichts haben wir bislang darüber ausgesagt, ob der letzendliche Metahorizont der Religion rationaler oder analogischer Natur ist. Ist es also möglich, dass dieser Metahorizont als ein in Bezug auf das religiöse Subjekt Entfremdetes dinghaft wird? In der Tat! Ist es nämlich als ein sich auf das religiöse Subjekt Beziehendes entfremdet, so heißt dies insbesondere für das Subjekt dass es durch ein einfaches Beziehen auf seinen letztendlichen Metahorizont diesen nicht ergründen kann. Damit wird der letztendliche Metahorizont zum ganz Anderen kann also insbesondere nicht mehr einfach nur *Prinzip* von Weltimmanentem sein. Ein solcher letztendlicher Metahorizont wird naheliegender Weise als Person gedacht und *Gott* genannt.

---

[22] Vgl. Kap. 1.1.1.

Wie soll nun aber in diesem Verständnis von Religion möglich sein da das auf das sich das religiöse Subjekt rückbeziehen will, hinter den Schleiern der Entfremdung verborgen bleibt? Dies kann nur durch einen besonderen Akt der *Gnade* geschehen, in welchem der göttliche Metahorizont sich auf eine Weise bezieht, in der zumindest alles für das religiöse Subjekt wissens- und erfahrungsnotwendige *offenbar* wird. *Offenbarung* ist also jene Ausnahme von der Regel der Entfremdung, die - in diesem Sinne — *rationale Religion* begründet. Nichts desto weniger kann die Offenbarung Gottes dennoch Entfremdung bedeuten, da sie lediglich das zu enthalten braucht, was für die Religio, d.h. das sich Rückbeziehen des Subjektes notwendig ist, und dazu gehört nicht zwingend eine Einsicht in das Selbstsein Gottes. In dieser nach diesem Verständnis *rationalen* Religion ist die duale Gestalt von religiösem Subjekt und letztendlichem Metahorizont also von *epischer* Natur. Alle Offenbarungsreligionen, die all diejenigen Kulturen prägen, die im weitesten Sinne westlich zu nennen sind, können formalontologisch damit als rational gekennzeichnet werden.

Der große Gegenentwurf ist demnach in den östlichen Religionen zu suchen. Worin aber besteht dieser Entwurf? Es liegt nahe, diesen in dem Rückbezug auf einen analogischen Metahorizont zu sehen. Der letztendliche Metahorizont einer analogischen Religion ist also nicht entfremdet von religiösen Subjekt. Da nun aber auch das religiöse Subjekt in Bezug auf diesen Metahorizont nicht entfremdet ist, treten beide in ein *Ähnlichkeitsverhältnis*. Der letztendliche Metahorizont ist damit nicht das ganz Andere, der fremde Gott, und darum nicht herausgehoben aus dem kosmischen Spektakel. Viel eher ist er die *Seele* dieses Kosmos, die *anima mundi*, und der Mensch dadurch mittels einer strengen Ähnlichkeitsrelation ganz wesentlich *Mikrokosmos*. Der letztendliche Metahorizont ist damit nicht etwas, das dem religiösen Subjekt fremd ist, sondern er selbst trägt diesen Metahorizont schon immer in sich. Religion bedeutet dann nichts anderes, als eine Technik, den Pfad zum Gewahrwerden der eigenen Mikrokosmos-Natur freizulegen. Auf welche Weise dies geschieht ist eine Frage der speziellen religiösen Praxis. Immer ist es aber der Mensch aus sich selbst heraus, der die Religio aufsucht, der diese ermöglicht, der selbst tätig wird und nicht auf Offenbarung angewiesen ist, *da er selbst Offenbarung des Kosmos ist*. An die Stelle des *Propheten* tritt der *Mystiker*.

Damit haben wir die beiden Zweige der Hochreligionen durch unsere formalontologische Begrifflichkeit rekonstruiert. Der Unterschied zu anderen, etwa magischen Religionen besteht darin, sich direkt auf einen letztendlichen Metahorizont rückzubeziehen. Unser Begriff von Religion kann also auf jene Nicht-Hochreligionen nicht vollwertig angewendet werden, da in der Tat diese Religionen nie ganz den Charakter einer nützlichen Technik verlieren, in dem es also auch nicht im vollen Sinne um ein *Heilskonzept* geht, welches Letztendlichkeitsanspruch für den Menschen erhebt. Das so skizzierte Bild von Religion ist allein schon aufgrund seiner Knappheit sehr grob. Die Nähe. der Gedankenentwicklung zu unseren kategorialen Begriffen bringt es mit sich, dass sich so nur die wesentlichsten Charakteristika der verschiedenen Formen von Religion rekonstruieren lassen. Im Falle der analogischen Religion etwa würde eine gründlichere Klärung mit einer weiteren Differenzierung des Analogiebegriffes nach verschiedenen subkategorialen Ordnungen einhergehen. So hatten wir etwa den Gedanken des Mikrokosmos mit der analogischen Religion in Verbindung gebracht. Nun ist der Begriff „Mikrokosmos" aber ein westlicher Begriff, wie er etwa der Astrologie zugrunde liegt. In dieser werden bestimmte „kosmische" Prinzipien angenommen, welche das Geschehen der Menschen mitbestimmen, und welche auch als Konstituenden des menschlichen Geistes angesehen werden. In diesem Sinne kann Mensch als ‚Abbild" des Kosmos verstanden werden. Dies ist aber durchaus verschieden etwa von der vedischen Lehre der Identität von *Atman* und *Braman*. Denn letztere besagt, dass Bewusstsein (Atman) und Seinsgrund (Brahman) im wörtlichen Sinne identisch sind, während die Astrologie eine Entsprechung von Kosmos und Psyche annimmt. Diesem Unterschied wäre nun durch eine weitere Differenzierung des Analogiebegriffes Rechnung zu tragen.

3.3 Weitreichendere Analogien

So sehr mit den bis hierher vorgetragenen Gedanken ein erster Steg zwischen den Begriffen Analogie und Religion gezimmert ist, so sehr bedarf es noch weiterer Bemerkungen. Jedoch nicht, um die oben angedeutete Differenzierung voranzutreiben, sondern im Gegenteil, um das gegebene Bild noch um wichtige allgemeinere Aspekte zu bereichern. Denn gemäß der allgemeinen Eigenschaften unseres Kategoriensystems sollte es im Falle der Analogie zu einer Synthese von Metahorizont und Subhorizont kommen. Wenn nun Religion analogische Aneignung eines letztendlichen Metahorizontes, Kunst aber die Aneignung eines letztendlichen Subhorizontes ist, so hieße das zunächst eine Vereinigung von Kunst und Religion. Da aber für den Einzelmenschen sein Handeln bzw. seine Lebenspraxis letztendlichere Bedeutung hat als jede Hochkultur, ist eine solche Vereinigung von metahorizontaler und subhorizontaler Analogie vor allem im Bereich des individuellen Lebensvollzuges zu suchen. Wir verlassen also fürs erste unsere Reflexion auf Hochkultur und wenden uns nun dem Lebensvollzug des Einzelmenschen zu.

Wo wir im Zusammenhang mit Hochkultur von Weltaneignung gesprochen haben, so sprechen wir im Zusammenhang des einzelnen Menschen von individuellem Lebensvollzug oder von Lebenspraxis Lebenspraxis ist also wesentlich Bezug des Subjektes auf das für dieses Dinghafte. Dieser Bezug kann in allgemeinster Weise Vollzug genannt werden. Es muss nun gefragt werden, was unter analogischer Lebenspraxis in Bezug auf Einzeldinghaftes zu verstehen ist. Im Rahmen der Hochkultur hatten wir diese ja mit der Kunst identifiziert. Da nun in der allgemeinen Lebenspraxis der Begriff „Letztendlichkeit" zunächst keine Rolle zu spielen braucht, so genügt es, hier zunächst alles Handeln zu betrachten, welches sich auf analogisch Einzeldinghaftes bezieht. Da Dinghaftes aber gerade das durch das Individuum gesetzte Subsistente ist, erweist sich die Frage, ob dieses analogischer oder rationaler Natur sind, nicht als eine Frage der Dinge, sondern eine solche des Handelns. Wir fragen also danach, wann Handeln nicht mit Entfremdung einhergeht, sondern im Handeln das dadurch gesetzte Dinghafte Horizont seiner selbst ist.

Dies ist es dann, wenn die Handlung in einer Weise vollzogen wurde, dass sie bereits aus sich selbst heraus ihren Wert besitzt, was wir als *Analogie des Handelns*: bezeichnen wollen. Ein solches Handeln kann natürlich nicht als ein normativer Imperativ formuliert werden, da durch einen solchen eine Handlung ja ihren Wert gerade dadurch erhält, dass sie den Wert verwirklicht, also in Bezug auf das Dinghafte des Wertes. Wenn wir uns zur Veranschaulichung dieser Weise des Handelns doch einen Imperativ formulieren wollten, welcher dann freilich nur ein Paradox sein kann, so würde er lauten: „*Handle so, dass jede Handlung ihren Wert bereits aus sich selbst heraus besitzt.*"

Dieses analogische Handeln kann zunächst recht nahe dem gegenwärtigen Zeitgeist interpretiert werden, als eine Aufforderung zur *Ästhetisierung des Lebensvollzugs.* So ist es eine Tendenz der Gegenwart, die Selbstdefinition nicht mehr über eine Gesinnung zu vollziehen, sondern über stilistische Abgrenzung, etwa in der Mode. Darüber hinaus deutet er darauf hin, wie durch ihn jede Tätigkeit einen *Beigeschmack der Meditation* erhält, ein In-sich-Ruhen und einen eigentümlichen Frieden des Augenblicks. Hier freilich kann unsere Sprache im Rahmen der Philosophie nur Wegweiser sein, weswegen auch der etwas dichterische Ton Berechtigung hat.

Gleichwohl scheint dies etwas zu sein, was uns in unserer modernen Welt leicht abhanden kommt oder erst gar nicht erreicht wird. Und wenn wir im Rahmen dieser eigentlich deskriptiven Studie hier den beschreibenden Modus überschreiten, so gerade deshalb, weil es mir notwendig erscheint, das Übergewicht des Rationalen in der Gegenwart durch Gegengewichte auszugleichen. Dabei ist es wichtig zu verstehen, dass unser imperativ nicht etwa heißt, Handeln dürfte grundsätzlich nicht zweckhaft sein oder Normen genügt, sondern, dass es *zunächst einmal* aus sich heraus wertvoll zu sein „hat". Es handelt sich also um die Kunst, den Augenblick zu genießen, ohne dass dieser um des Genusses Willen aufgesucht wurde, geschieht letzteres ja doch in der Regel nur aus einem Mangel an analogischem Handeln.

Die Analogie des Handelns ist also eine weitere Form der Analogie neben der A n a l o g i e d e s M i k r o k o s m o s auf welche wir bei der Bestimmung der analogischen Relation gestoßen waren. Wenngleich uns hier zwei herausragende Formen der Analogie begegnen, so sind sie dennoch nicht von solcher Ursprünglichkeit, dass in ihnen die Unterscheidung metahorizontal und subhorizontal, im Sinne analoger Bezugspole Metahorizont und Subhorizont des Subjektes, aufgehoben wäre. Dies geschieht allein in der nun zu besprechenden Analogie, welche die beiden genannten Analogien als Urform zu übergreifen vermag, in dem Sinne als von diesen ausgehend die beiden anderen Analogieformen leicht nachzuvollziehen sind. Gleichwohl stellt diese G r u n d a n a l o g i e d e s S u b j e k t e s einen Extrempunkt dar in der begrifflichen Dimension von Analogie und Rationalität. Dementsprechend exotisch, und dennoch eigentlich banal, ist das in ihr zum Ausdruck gebrachte:

Nehmen wir das Subjekt als Horizont und versuchen darauf die Definition der Analogie mit aller Konsequenz anzuwenden. Wir denken uns also ein Subjekt, welches unter allen Umständen Horizont seiner selbst ist. Alles, worauf sich dieses Subjekt bezieht, kommt doch nur wieder dem Subjekt gleich. Jede Wahrnehmung, jeder Klang, jedes Wort, alles, worauf sich ein Subjekt erdenklicher Weise nur beziehen kann, entspricht also nur wieder diesem Subjekt; denn gleichgültig worauf sich das Subjekt bezieht, der Bezug findet doch nur wieder im Subjekt selbst statt. Das Subjekt ist also gefangen in sich selbst, auf keine Weise ist es ihm möglich, die eigene Subjekthaftigkeit zu verlassen.

Gemeinhin bringt man diesen Standpunkt mit dem Begriff *Solipsismus* in Verbindung und verfehlt damit doch im Allgemeinen das, worin die Kraft und Bedeutung dieses Gedankens liegt. Denn nichts hat dieser zu tun mit einem radikalen Subjektivismus! Vielmehr verliert, da alles, was für das Subjekt in Betracht kommen kann, wiederum eine „Erinnerung" an das Subjekt, ja Subjekt selbst in sich trägt, das Subjekt seinen ichhaften Standpunkt und weitet sich zum alles umfassenden Urgrund, in dem alles versöhnt erscheint und dem Dasein ein „lächelnder" Unterton verliehen wird. Alles Einzelne tritt mit so mit Reichtum hervor und findet sich zugleich mit allem in Einklang. Eine objektiv vorhandene Welt von Dingen, denen das Subjekt zunächst als fremdes, begrenztes Ich gegenübertritt, kann so weder gedacht noch verneint werden, vielmehr sind beide Positionen inkommensurabel. Eine Unterscheidung in Metahorizont und Subhorizont ist – wie jede Kategorisierung – von diesem Standpunkt aus unmöglich. Darin liegt aber auch das Problem dieses Standpunktes, ist es doch damit unmöglich, sich über ihn mitzuteilen. Und auch wir haben *es* nicht beim Namen genannt, sondern die Worte, derer wir uns bedient haben, können bestenfalls als Wegweiser dienen.

Wir haben uns damit, der Natur der Sache entsprechend, im Grunde sehr weit in den Bereich der *Mystik* vorgewagt. Für den Philosophen bleibt festzustellen, dass die nüchterne Erkenntnis, wonach (mit Protagoras) „der Mensch das Maß aller Dinge" sei, er also über seine Subjektivität nicht hinauskomme, zunächst nicht viel herzugeben vermag. Gleichwohl erkennen wir in der Analogie des Subjektes das wieder, was wir in Kap. 1.1.1 die *Primäre Einheit des Bewusstseins* genannt hatten. Das existentielle Nachvollziehen dieses Standpunktes, seinen Reichtum und seine positive Kraft zu erfahren, ist nicht Aufgabe der Philosophie, sondern des mystisch strebenden bzw. erlebenden Menschen.

Dennoch spielt dieser Gedanke in der europäischen, insbesondere der deutschen Philosophie eine nicht unerhebliche Rolle. Als erstes hat ihn wohl Leibniz im Begriff der Monade in voller Klarheit ausgesprochen. Im Lichte dieser Bemerkungen ist es verständlich, weshalb Kants Lehre von der Unerkennbarkeit der „Dinge an sich" die Tür zu jener durch ihre eigentümlich mystisch-rationalistischen Janusköpfigkeit charakterisierten Denktradition des Deutschen Idealismus aufgestoßen hat. Denn wenn die Dinge an sich nicht erkannt werden können, liegt es nahe, sie gänzlich aus dem Denken zu streichen, womit alles, was in Betracht kommen kann, nur wieder dem Subjekt selbst entspringt und das Subjekt die höchste Quelle all dessen ist, was in Betracht kommt.

3.4 Abschließende Bemerkungen

Dieser Abschnitt spannt einen weiten Bogen. Ziel war es, die Begriffe Rationalität und Analogie in ihrer Polarität mit den Kulturdisziplinen Philosophie und Einzelwissenschaft einerseits sowie Kunst und Religion andererseits in Verbindung zu bringen. Dazu musste zunächst ein geeigneter Begriff von Kultur insbesondere Hochkultur entwickelt werden auf welchem dann die kategorialen Begriffe der zweiten Vermittlung angewendet wurden. Die Kategorie Analogie dient also insbesondere dazu, die nichtrationale Seite unseres Geistes begrifflich zugänglich zu machen. Dies halte ich unter anderem deswegen für notwendig da in Zukunft antirationale Geistesströmungen keine schlechten Chancen haben dürften. Hier muss die Rationalität bereit zum Dialog sein um nicht Gefahr zu laufen, auf das Abstellgleis zu geraten.

Erste Andeutungen wurden auch dahingehend gemacht, die Begriffe *Rationalität* und *Analogie* als Teil der reflexiv gewordenen Moderne dazu zu verwenden, die letzten tausend Jahre der lateinischabendländischen Kulturgeschichte stringent zu beschreiben als zwei entgegengesetzte Pendelschläge zwischen *analogischer* und *rationaler Kulturepisteme* in Mittelalter und Neuzeit. Eine Verfeinerung des Begriffsapparates wie etwa eine Anwendung des Begriffe „epische" und „harmonische Gestalt" würde dazu dienen, das Mittelalter dennoch als Teil der „westlichen" kulturgeschichtlichen Entwicklung zu sehen, welche insgesamt in grundlegenderer Rücksicht als rational anzusprechenden ist. Dabei soll „westlich" wieder in dem Sinne verstanden werden, wonach als westliche Kulturen auf *Offenbarungsreligionen* beruhen, wobei also auch die islamische Welt eingeschlossen ist. Die Wasserscheide dieser Kulturtopographie liegt etwa am Indus, da in der Tat die wichtigsten Impulse für den großen Gegenentwurf zu den offenbarungsreligiösen Kulturen aus Indien stammen.

Am Anfang unseres kategorischen Begriffes von Rationalität stand der Begriff der *Fremdheit*. Und die Erfahrung der Fremdheit scheint es auch zu sein, welche die beiden Kulturnationen im besonderen prägte, die als die Protagonisten westlicher Rationalität angesehen werden können: Juden und Griechen. Erstere, ein Volk, dessen Geschichte damit beginnt, dass Abraham aus seiner Heimat im Osten aufbricht, um in die Fremde zu ziehen. Seine Nachkommen haben die ägyptische Gefangenschaft zu bestehen und deren Nachkommen das babylonische Exil. Immer sind es Erfahrungen der Fremdheit, fremder Götter und Sitten. Erfahrungen, die auch den Griechen als Seefahrervolk in gesteigertem Maße vertraut gewesen sein mussten. Zu Recht ist vielfach darauf hingewiesen worden, dass es gerade die

Randbereiche der griechischen Kultur waren, die Bereiche der größte Nähe des Fremden, in welchen die Philosophie entstand: Kleinasien und Unteritalien. Und es ist, so glaube ich, kein Zufall, dass es gerade besonders kleine Völker waren, in denen sich Rationalität in richtungweisender Weise entwickelte, denn je kleiner ein Volk, umso eher ist die Erfahrung der Fremdheit möglich. In den großflächigen Kulturräumen des Ostens, China und Indien, was diese Erfahrung vielleicht nicht mehr so prägnant, weswegen dort das Gegenprinzip zur Entfaltung kam.

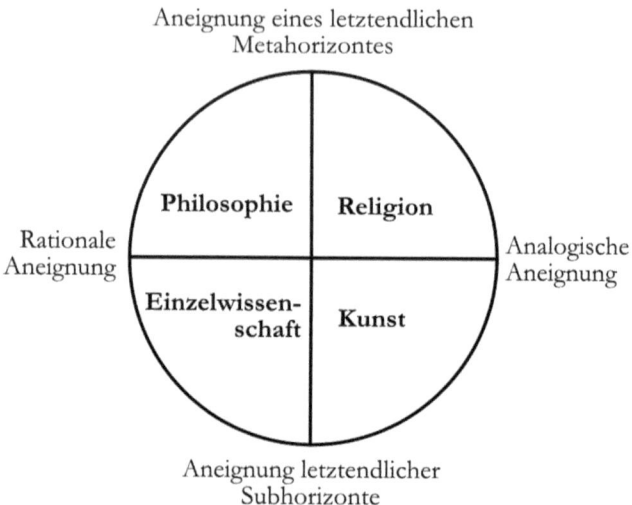

Aneignung eines letztendlichen
Metahorizontes

Rationale
Aneignung

Philosophie   **Religion**

Einzelwissen-   **Kunst**
schaft

Analogische
Aneignung

Aneignung letztendlicher
Subhorizonte

Abbildung 13: Didaktisches Schema der in diesem Abschnitt vorgenommen Kategorisierung der Kulturdisziplinen.

3.5 Kultur des sozialen Beziehens

Kultur, so hatten wir diesen Begriff bestimmt, setzt irgendeine Form von menschlicher Gruppenbildung voraus, Damit wird der Mensch als soziales Wesen angesprochen, er ist also *Horizont* durch soziale Beziehungen. Zunächst sei daran erinnert, dass sich soziale Hierarchien durch die Kategorien der ersten Vermittlung beschreiben lassen. Jedoch auch ein soziales Gruppengebilde oder eine S o - z i a l f o r m können wir einen die Begriffe Metahorizont und Subhorizont beschreiben. Durch die Ausübung von sozialen Beziehungen (Relationen), also durch Handeln, welches mehrere Personen der Sozialform betrifft, insbesondere der *Kommunikation,* wird etwas Dinghaftes geschaffen, etwas, das sprachhaft wird, etwa als Familie, Gesundheitssystem, juristisches System oder Nation. Damit ist das dinghaft Gewordene Metahorizont und die entsprechende Sozialform lässt sich beschreiben als duale Gestalt aus übergeordnet Dinghaftem und den beteiligten Personen, welche *Subhorizonte* sind, ob eigentliche oder uneigentliche sei zunächst dahingestellt.

Wenn also Personen, d.h. soziale Subjekte, die Horizonte sind, welche Sozialformen erst ermöglichen, so stellt sich die Frage, wie diese Horizonte nach den Kategorien der zweiten Vermittlung zu beurteilen sind. Wir wollen deshalb folgende Unterscheidung treffen: I n s o w e i t   d i e   P e r s o n e n   a l s   S u b h o r i z o n t e   e i n e r   S o - z i a l f o r m   *analogisch* sind, sprechen wir von *Gemein- schaft,* insoweit diese aber *rational* sind, sprechen wir *Gesellschaft. Entscheidend an dieser Begriffsbestimmung ist nicht, dass die Begriffe Gemeinschaft und Gesellschaft nun etwas völlig neues sind, was ja nicht zutrifft, sondern dass die in der Soziologie dinghaft gewordenen Begriffe „Gemeinschaft" und „Gesellschaft" formalontologisch sehr einfach reproduziert worden sind.*

Was heißen nun Gemeinschaft und Gesellschaft genauer? Beginnen wir mit der *G e s e l l s c h a f t,* w o b e i   w i r   i m   f o l g e n d e n   g e s e l l s c h a f t l i c h e   S o z i a l f o r m e n   a l s   *s o z i a l e*   o d e r   *g e - s e l l s c h a f t l i c h e   S y s t e m e*   bezeichnen wollen, wogegen „Gesellschaft"   uns   mehr   den   abstrakten   Tatbe- stand rationaler Sozialität ausdrücken soll.

Personen partizipieren an sozialen Systemen also grundsätzlich entfremdet. Wie kommt nun diese Entfremdung zustande? Da soziale Gruppierung immer auch ein denkerischer Prozess der beteiligten Personen ist, können wir hier direkt an unsere Bemerkungen zur rationalen und analogischen Sprache anknüpfen. Denn kommt eine Sozialform durch prädikativen Sprachgebrauch zustande, so ist es zunächst nötig, die beteiligten Personen in *Klassen* einzuteilen, etwa wenn wir an das Gesundheitssystem denken, so werden die beteiligten Personen als Patienten, Ärzte, Krankenschwestern, etc. angesprochen. Komplexe Systeme wie das Gesundheitssystem organisieren sich durch komplizierte und durch rationale Sprache überhaupt erst ermöglichte Regelsysteme, welche im allgemeinen schriftlich niedergelegt sind, so dass man von einer *Verfassung* des gesellschaftlichen Systems sprechen kann. Dies soll nicht darüber hinwegtäuschen, dass dennoch eine kodifizierte Verfassung nur dann normativ angewendet wird, wenn gewohnheitsmäßiges Handeln in die Krise gerät. Demnach kann die soziale Entfremdung durch Gesellschaft nur im eingeschränkten Sinne als besonderer Fall der Entfremdung durch Prädikation begriffen werden. Denn nicht in jedem Falle sozialen Handelns müssen die Sozialpartner mittels einer rationalen Sprache Entfremdung durch Prädizierung erfahren, da Handeln ja auch ohne ausdrückliche Benennung einer bestimmten Rolle möglich ist. Darin zeigt sich die Bedeutung und die Weite des formalontologischen Rationalitätsbegriffes.

Um an einem gesellschaftlichen System teilzuhaben, um also gesellschaftlichen Bezug *überhaupt* zu haben, ist es nötig, eine in der Verfassung des Systems vorgesehene *Rolle* anzunehmen. Um zum Beispiel an dem System Bank teilzuhaben, muss ich etwa Kontoinhaber, Kreditnehmer oder Bankangestellter sein. Als Inhaber einer bestimmten Rolle des sozialen Systems sind die Menschen einander *gleich*, insofern als ihren sonstigen Eigenarten, ihrer Einmaligkeit als Person abgesehen wird.

Der prädikative Charakter von Gesellschaft macht sich noch auf eine andere Weise bemerkbar. Dadurch nämlich dass gesellschaftliche Systeme in der Regel durch sogenannte Leitdifferenzen bestimmt werden. Darunter sind bestimmte Prädikate oder Eigenschaften zu verstehen die Normen innerhalb des gesellschaftlichen Systems bestimmen aber auch zur Beurteilung des Systems insbesondere durch die Politik dienen. Durch Verneinung des entsprechenden Prädikates entsteht eine *binäre Kodierung* welche als Leitnorm des Systems wirkt. Im Falle des Rechtssystems Wäre dies: „rechtmäßig/unrechtmäßig" oder im Falle eines ökonomischen Systems „ertragreich/nicht ertragreich".

Da gesellschaftliche Systeme durch die Entfremdung überhaupt erst zustande kommen, ist gesellschaftlicher Bezug grundsätzlich defizitär. Das heißt das gesellschaftliche Subjekt kann sich mit seinen Vollzugsbedürfnissen, insoweit es sich um soziale Beziehungsbedürfnisse handelt, nur in der Weise innerhalb des Systems beziehen, in der es durch die Verfassung des gesellschaftlichen Systems zugelassen ist. Alle übrigen Vollzugsbedürfnisse sind stillschweigend ausgeschlossen. Diesen Sachverhalt wollen wir im folgenden *Ausschließlichkeit* nennen und sie besagt etwa, dass es von einem Bankangestellten Wahrscheinlich als unangemessen empfunden werden würde, wenn sich ein Kunde nach der Eröffnung eines Kontos nach der Gesundheit des Angestellten erkundigt, ohne diesen auch privat zu kennen.

In vielerlei Hinsicht kann Gemeinschaft genau als Gegenteil von Gesellschaft angesehen werden. Gemeinschaft hegt nach unserer Begriffsbestimmung dann vor, wenn die sozialen Subjekte als Horizonte sozialen Vollzuges nicht entfremdet sind. Damit bezieht Gemeinschaft zunächst einmal die Person als Ganzes ein. Dies bedeutet nicht nur, dass der *einmalige Mensch* mitsamt *all* seiner Vollzugsbedürfnisse in gemeinschaftlichem Bezug Berücksichigung finden, sondern dass auch der Mensch in seiner Zeitlichkeit, also einschließlich seiner Geschichte und seinen Zukunftsperspektiven einbezogen wird. Ein entscheidendes Moment für das Gelingen von Gemeinschaft ist die *Ähnlichkeit* der beteiligten Partner. Gemeinschaft kommt über Gemeinsamkeiten zustande.

Diese Bestimmung von Gemeinschaft sagt nun noch nichts darüber aus, wie eng eine Gemeinschaft ist. Für den Begriff von Gemeinschaft wäre es falsch, ihn einfach als eine besonders enge soziale Beziehung anzusehen. So ist zwar etwa das erotische Vollzugsbedürfnis in jede Gemeinschaft einbezogen, jedoch nicht in der Art, dass dieses Bedürfnis ohne weiteres auch vollzogen werden darf! Vielmehr findet ein Mensch in einer Gemeinschaft Berücksichtigung auch hinsichtlich dieses Bedürfnisses, sei es etwa, wenn eine Frau mit einer Freundin über ihre Sehnsucht nach einer Liebesbeziehung spricht. Und es ist auch klar, dass mit zunehmender Größe von Gemeinschaften die Beziehung der Sozialpartner umso weniger eng ist und unsere Beispiele für Gemeinschaft sind je nach der Zahl ihrer Mitglieder auch sehr unterschiedlich:

Als erste und engste Gemeinschaft wäre die *Liebesbeziehung* zu nennen. Dabei ist zwischen vor- bzw. nichtehelicher Liebesbeziehung und der ehelichen Beziehung zu unterscheiden, wobei sich letztere gegenüber erstere; durch das gegenseitige Versprechen einer lebenslangen Lebensgemeinschaft auszeichnet. Bei der Liebesbeziehung handelt es sich um eine *Wahlgemeinschaft*, da sich die Partner einer solchen Gemeinschaft gegenseitig erwählen. Zu der gleichen Unterkategorie gehören auch alle Arten der *Freundschaft*. Beispiele für *Geburtsgemeinschaften*, denen man also durch Geburt angehört, sind *Familie*, *Stammesgemeinschaften* und *Nationen*.[23] Eine Gemeinschaftsform, die

---

[23] „Was" eine Nation ist, ist eine durchaus schwierige Frage und soll hier nicht weiter

sowohl Wahl- als auch Geburtsgemeinschaft sein kann, ist die *Religionsgemeinschaft*. Mit dem Beispiel des Inzesttabus lässt sich zeigen, wie in Gemeinschaft die ursprüngliche Einbeziehung aller Vollzugsbedürfnisse, welche man in Symmetrie zur gesellschaftlichen Ausschließlichkeit *Einschließlichkeit* nennen kann, modifiziert wird. Denn die Gemeinschaft einer Familie ist so eng, dass es dem Wesen als Gemeinschaft durchaus nicht widersprechen würde, auch sexuelle Vollzugsbedürfnisse außerhalb der Elternbeziehung zu praktizieren. In der Tatsache, dass Tabus, also Vollzugsverbote ausdrücklich ausgesprochen werden müssen, wird ersichtlich, wie Gemeinschaft auf Einschließlichkeit beruht, und eben nicht, wie im Falle von Gesellschaft, nur das in die soziale Beziehung einbezogen ist, was ausdrücklich ausgesprochen ist. Man könnte auch sagen, in einer Gemeinschaft ist alles erlaubt, was nicht verboten ist, und in einem gesellschaftlichen System ist alles verboten, was nicht erlaubt ist.

Die *Einschließlichkeit* hat auch zur Folge, dass es je nach Enge einer Gemeinschaft für die beteiligten Sozialpartner eine entsprechend ausgeprägte *Verpflichtung zur Solidarität* gibt. Gerät nämlich ein Sozialpartner einer Gemeinschaft in eine Notlage, so hat er das Vollzugsbedürfnis einer Hilfestellung. Es war nun ein Verstoß der übrigen Sozialpartner gegen die Einschließlichkeit, wenn sie in einer solchen Situation dieses Vollzugsbedürfnis des Hilfsbedürftigen ausgrenzen und nicht Solidarität üben würden.

Ein weiteres wichtiges und allen Gemeinschaften gemeinsames Merkmal besteht darin, *dass sie darauf angelegt sind, unbefristet Bestand zu haben*, d.h. allein durch den Tod der beteiligten Personen ausgelöscht werden. Nach unserer Bestimmung von Gemeinschaft ist es auch einfach einzusehen, *weshalb* dies so ist. Jede im Voraus als zeitlich befristet angesehene Sozialform bringt es mit sich, dass Aspekte der beteiligten Personen, die über diesen Zeitraum hinaus zielen, für die Sozialform ohne Bedeutung sind. Damit birgt jede so befristete Sozialform immer wesentliche Elemente von Gesellschaft.

Man mag einwenden, dass in der modernen Gegenwart z.B. Liebesbeziehungen durchaus zeitlich befristet stattfinden - und zwar in den meisten Fällen! - doch gilt es festzustellen, dass jede Form von Gemeinschaft, insbesondere also auch die Liebesbeziehung im Falle ihrer nicht durch Tod bedingten Auflösung als *gescheitert* anzusehen ist, da es ihrem Wesen als gemeinschaftlicher Sozialformen eben widerspricht, im voraus als befristet angesehen zu werden. Niemand kann aufrichtig zu seinem Liebespartner sagen: „Ich liebe Dich, aber nur für ein Jahr!"

---

verfolgt werden.

Man kann nun fragen, was im Falle der Gemeinschaft an die Stelle der *Verfassung* tritt. Die Antwort ist leicht zu finden, denn so wie gesellschaftliche Sozialformen durch *Verfassungen* begründet werden, so begründen sich gemeinschaftliche Sozialformen durch *Mythen*. Wir wollen den Begriff des „Mythos" nicht so gebrauchen, als handele es sich bei einem Mythos eine Art Ammenmärchen, also um eine unwahre erzählerische Erklärung für etwas. S o n d e r n   w i r w o l l e n   u n t e r   e i n e m   M y t h o s   e i n e   E r z ä h l u n g   v e r s t e - h e n ,   d i e   G e m e i n s c h a f t   b e g r ü n d e t . Es ist also ein rein soziologischer Begriff des Mythos, der über Wahrheit bzw. Falschheit des Inhaltes der mythischen Erzählung nichts aussagt.

Jede Gemeinschaft hat ihre Mythen. Bei Stämmen und Nationen etwa sind es oft Schlachten, welche für die Gemeinschaft begründend gewirkt haben, indem ein zunächst möglicherweise recht bunter Haufen von Menschen in der Situation des existenziell einander Ausgeliefert-Seins eine gemeinsame analogische Vollzugserfahrung gemacht hat Analogisch ist eine Kampferfahrung deshalb, weil es in ihr für den Einzelnen und bisweilen auch für die kämpfenden Parteien um Leben und Tod geht. Im Angesicht des Todes aber kann es keine Entfremdung geben, da er unwiderruflich das gesamte Sein einer Person trifft. Sterben ist immer authentisch. Wurde aber in einer gemeinsam geschlagenen Schlacht zum ersten Mal eine bestimmte Gemeinschaft gelebt, so wird diese Gemeinschaft stabilisiert, indem der gemeinsame Kampf immer wieder in der Erzählung lebendig wird.

Besonders reichhaltig ist die Mythologie einer Liebesbeziehung. Gemeinsame Erfahrungen großer Freude, aber auch großen Leides - beides Erlebnisqualitäten, in denen Entfremdung nicht möglich ist - werden Teil eines komplizierten Gespinstes von gemeinsamen Erzählungen und Anekdoten, die wesentlich die intime Kommunikation der Liebespartner ermöglicht. Insoweit ein solches Erleben in Bezug aufeinander geschieht, was mehr beinhaltet als Erleben von Gleichartigem, geschieht zwangsläufig Gemeinschaft. Ferner Erlebnisse, in denen sich wenigstens ein Partner in einer als besonders charakteristisch empfundenen Weise verhalten hat, indem also das Selbstsein dem anderen in einer besonderen Weise offenbar wurde. Oder aber Erlebnisse, in denen die Zusammengehörigkeit, die Tatsache, dass gerade diese zwei Menschen zu einer Gemeinschaft gefunden haben, besonders evident wurde, und nicht zuletzt jene Erlebnisse, die überhaupt erst zur Entstehung der Beziehung geführt haben.

Wir sehen davon ab, die Mythologien der anderen Beispiele für Gemeinschaft zu benennen, das mag anhand obiger gemachten Ausführungen der Leser für sich nachvollziehen. Gleichgültig aber, um welche Gattung von Gemeinschaft es sich handelt, immer findet sich eine bestimmte Mythologie als ein Fundus von Erzählungen, welcher diese Gemeinschaft begründen. Begründen meint zum einen, dass oftmals in den Mythen der Grund genannt wird, weshalb und unter welchen Umständen gerade diese Gruppe von Menschen zu einer Gemeinschaft wurde. Zum anderen bildet die je eigene Mythologie in der Tat die Grundlage für ethische Maßregelung, ohne welche auch Gemeinschaft nicht auskommt. In der *beispielhaften Erzählung* liegt eine weit ursprünglichere Form der ethischen Auseinandersetzung als in jedem ethischen Diskurs. Dabei kann die mythische Erzählung sowohl als positives wie als negatives Beispiel dienen, d.h. Paradigma für anzustrebendes oder zu vermeidendes Handeln sein.

In einem der wichtigsten Mythensammlungen der Weltkultur, dem Alten Testament, wird dies so deutlich wie wohl nirgendwo anders. Zwar enthält es mit den Deuteronomischen Gesetzen auch zahlreiche Normen, wie das für eine Offenbarungsreligion auch nicht anders zu erwarten ist, jedoch wird darüber hinaus in unzähligen Variationen immer wieder Geschichten der Treue zu Jahwe, des Abfalles von ihm und der Zeugen Rückkehr zu Jahwe erzählt. Dabei wird dem Rezipienten vor Augen geführt, was passieren kann, wenn das Volk Gottes vom Weg Jahwe abweicht: Es gerät in Knechtschaft und Gefangenschaft. Ebenso zahlreich sind aber die Beispiele, in denen die Treue zu Jahwe zu militärischer Sieg, Reichtum und Wohlergehen führen.

Um genauer zu verstehen, wie Wertsetzung durch Mythen funktioniert, müssen wir nach dem analogischen Äquivalent zur Attribuierung fragen. In unseren Ausführungen zur Analogie und Rationalität der Sprache war uns diese Fragestellung bereits begegnet. Die dort getroffenen Feststellungen müssen nun um Wichtige Gesichtspunkte ergänzt werden. Es drängt sich nämlich folgende Frage auf: Wie kommen wir dazu, Sätze auszusprechen wie: „Dieser Baum ist schön." Oder genauer: Wenn wir keinen eindeutigen (univoken) Begriff von Schönheit haben, wie kommt es dann dazu, dass wir Dinge als schön oder nicht schön bzw. gut oder nicht gut bezeichnen?

Die Antwort darauf dürfte von der Wittgensteinianischen Position in den „Philosophischen Untersuchungen" nicht weit entfernt sein: Wir haben also ein Attribut wie „schön" oder „gut" und wollen dieses von einem Gegebenen aussagen. Dazu gehen wir davon aus, dass wir diese Attribute bereits in Zusammenhang mit anderen Gegebenheiten als zu Recht ausgesagt kennen. Im oben genannten Beispiel sind solche Fälle von „guten" oder „schlechten Handlungen" gerade Inhalt der biblischen Mythen. Wenn nun etwa ein in dem Glauben an diese Mythen Stehender eine Handlung in Hinsicht auf Gutheit oder Verwerflichkeit beurteilt, so bezieht er sich in unserem Beispiel zunächst einmal auf die Deuteronomischen Normen. Darüber hinaus – und dieser Fall ist der für uns eigentlich interessante – stehen ihm mit den Mythen zahlreiche Einzelfälle, d.h. Paradigmen, zur Verfügung, die er mit dem zu Beurteilenden vergleichen kann. Das Ergebnis eines solchen Vergleiches wird nun nicht durch einen Akt der Prädikation gewonnen, also durch Angabe eines eindeutigen Merkmales, welches die Kategorisierung etwa nach „gut" bzw. „verwerflich" nach sich zieht, sondern das zu Beurteilende wird auf *Zeichen* oder *Merkmale* für die Attribute hin „befragt". Je nachdem, für welches Attribut sich die meisten bzw. deutlichsten Zeichen finden, wird die entsprechende Attribution, also das Zusprechen des jeweiligen Attributes, vollzogen. Anders ausgedrückt: es wird unter den in Auswahl gestellten Attributen dasjenige dem Gegebenen zugesprochen, welches die größtmögliche *Ähnlichkeit* zu bereits bekannten Paradigmen für dieses Attribut besitzt. Damit ist analogische Attribution nicht etwas, das kognitiv, also mittels abstrahierenden Denkens geschieht, sondern in einem analogisches Vermögen unserer Psyche, für welches sich der Begriff Gemüt anbietet, veranlagt ist als eine Art *Ähnlichkeit*. D i e G e s a m t h e i t d e r Z e i c h e n f ü r e i n b e - s t i m m t e s A t t r i b u t m ö c h t e i c h d i e S i g n a t u r d e s A t - t r i b u t e s n e n n e n. In den Mythen einer Gemeinschaft verbirgt sich also jeweils die Signatur für gebilligtes und zu verwerfendes Handeln. Darin liegt die wertschöpfende Funktion von Mythen.

Der Nachteil analogischer Attribution liegt auf der Hand; nämlich ihre mangelnde Eindeutigkeit. Ihr großer Vorteil besteht darin, dem Einzelfall wesentlich gerechter werden zu können. Wenn nämlich im voraus keine univoke Begiffsstruktur vorliegt, durch welche die Beurteilung des Einzelnen erfolgt, so ist es auch nicht notwendig, den Einzelfall durch ein bestimmtes Abstraktionsschema zu entfremden. Damit kann das Einzelne zunächst auf ganz vielfältige und seiner Einmaligkeit wesentlich gerechter werdende Weise in Betracht kommen. Der Urteilende sucht dabei nach Zeichen, die zu in Auswahl stehenden Signaturen passen. Dabei werden in der Regel Zeichen für verschiedene Signaturen ersichtlich werden, womit jedes Urteil analogischer Attribution immer nur eine in Vergleich zu anderen Attributen größtmögliche Verwandtschaft zu anderen Beispielen dieses Attributes zum Ausdruck bringt, niemals jedoch eine eindeutige Zuordnung zu einer Klasse gleicher Prädikaenden (Eigenschaftsträger) vornimmt. Wenngleich diese Art der Attribution theoretisch schwieriger zu fassen ist als die Prädikation, so kommt sie unserer alltäglichen Verwendung von Sprache doch wesentlich näher.

Bei all diesen Ausführungen zum Thema Gemeinschaft und Gesellschaft kann man fragen, ob damit das Potential der formalen Ontologie in Hinsicht auf soziologische und sozialpsychologische Regionalkategorisierung erschöpft ist. Wie folgendes Beispiel zeigen soll, ist dies durchaus nicht der Fall. Will man etwa die soziale Beziehung von Patienten und Psychotherapeuten charakterisieren, so versagen die Begriffe der gemeinschaftlichen und gesellschaftlichen Sozialfor-

men. Denn der Bezug des Therapeuten trägt deutliche Züge von Gesellschaft, während der Patient, da es sich um die Probleme seines
Daseins und damit auch seines Selbstseins geht, weitgehend Horizont seiner selbst sein muss, damit die Therapie Erfolg haben kann.
Die Abb. 14 stellt diesen Sachverhalt der fomalontologischen Zeichensprache dar:

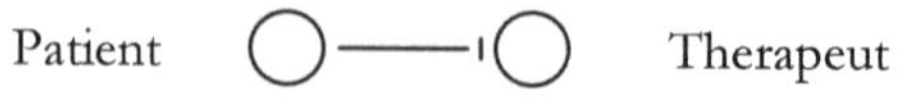

Patient $\bigcirc$ —— $\bigcirc$ Therapeut

Abbildung 14: Das Verhältnis von Patient und Therapeut. Ob die
Relation herrschender, dialogischer oder vielleicht sogar physischer
Art ist, sei dahingestellt.

4 Nachwort

Die Darstellung der Ideen zu einer formalen Ontologie ist damit abgeschlossen. Es bleibt ein paar allgemeine Bemerkungen vorzunehmen: Vielleicht gerade wegen ihrer Knappheit tun sich von dieser ersten Formulierung aus viele Wege auf. Zunächst einmal kann man die formale Ontologie ganz nüchtern als Werkzeug gebrauchen und insbesondere einzelne Aspekte des hier Vorgetragenen, besonders der „kulturellen Deduktionen" stärker elaborieren. Damit begibt man sich auf kulturwissenschaftliches und soziologisches Terrain, was nicht unbedingt ein Anliegen der Philosophie ist.

Dieser dennoch sehr wichtige kulturstrukturalistische Aspekt des formalontologischen Denkens kann man als seine „moderne" Seite verstehen. So könnte man sich darum bemühen, die von Foucault ausgemachten „Epistemen", als geistig-politische Grundvoraussetzungen einer Epoche, mit unseren neuen begrifflichen Instrumenten weiterer Klärung zu unterziehen. Dabei sollte es zum Beispiel möglich sein, aus dem formalontologischen Kategorien einen kunstmorphologischen Begriffsapparat zu entnehmen. Da nun aber die kategorischen Begriffe der formalen Ontologie sehr allgemein sind, hätte man damit einen Wegweiser, wie sich stilgeschichtliche Beobachtungen mit ikonographischen verbinden ließen.

Des weiteren hat die strukturalistische Komponente des Denkens bisweilen geradezu überraschend banale Inhalte, etwa wenn wir fragen, wie sich die Fassade des Kölner Doms durch die Begriffe „Ganzes" und „Teil" strukturieren lässt. Hierin erweist sich die formale Ontologie als allgemeine Strukturwissenschaft, deren Nutzen ähnlich wie bei der Mathematik darin bestehen kann, schlicht und einfach das Denken in allgemeinster Weise zu schulen.

Bei den kulturstrukturalistischen Überlegungen ist wichtig, dass es mit den formalontologischen Begriffen möglich ist, *soziologische* und *ideengeschichtliche* Aspekte der Kulturentwicklung mit einem einheitlichen Begriffsapparat zu behandeln. Es scheint mir vielversprechend zu sein, dass in diesem Gedankenentwurf beide Aspekte gleichermaßen Platz finden, womit sie nicht als Gegensätze, sondern als komplementäre Bestandteile des selben Anliegens erscheinen. Dies alles läuft auf eine Reihe von Einzelstudien hinaus. Es bleibt zu hoffen, dass der formalen Ontologie diese Entwicklung, welche sicher in wohltuender Weise auf sie rückwirken würde, nicht vorenthalten

bleibt. Sie bietet sich darin auch als Grundlage für die viel beschwo-
rene aber nur selten verwirklichte *interdisziplinäre Forschung an, welche in ihren Begriffen mehr wäre, als ein gegenseitiges Kennenlernen unter-
schiedlicher Disziplinen.*
Bestenfalls läuft dies darauf hinaus, in den formalontologischen
Begriffen allgemeine Kategorien der menschlichen Kultur zu sehen.
Will man dies nun in aufsteigender Entwicklung philosophisch interpretieren, so bietet sich an, die Ursache dafür in der grundlegenden
Relevanz der formalontologischen Kategorien für die philosophisch-
anthropologische Frage zu sehen. Darüber hinaus vermag sich das
formalontologische Denken dann auch den „alten" metaphysischen
Fragen der Philosophie zuzuwenden.
Doch neben diesen akademischen „Spielereien" leistet die formale
Ontologie ein Weiteres. Sie schafft einen Begriff von Rationalität, der
es in seiner großen Allgemeinheit verspricht, auf breiter Basis dem
gerecht zu werden, was man gemeinhin als „Modernisierung" be-
schreibt. Gleichzeitig nennt die formale Ontologie das Gegenprinzip
beim Namen: Analogie. Damit ist auf möglichst rationalem Wege ein
Begriff des Nichtrationalen geschaffen, womit begriffliche Krücken
wie „Irrationalismus" o.ä. zunächst einmal fragwürdig werden. Dies
kann man als Vollendung und zugleich Überwindung neuzeitlichen
Denkens sehen. All dies geschieht im Grunde genommen aus großer
Liebe zur Rationalität. Dennoch ist es mehr als fragwürdig, ob das
gegenwärtige Experiment des Planeten Erde, der Rationalität die To-
talherrschaft zu überlassen, gelingen wird. Ein solches Gelingen wäre
gleichzusetzen mit einem Sieg des abendländischen Kulturimperialis-
mus, durch den andere Kulturen dieser Welt nur zerstört werden
können, und ein beidseitig bereichernder Dialog nicht möglich ist.
Da es ein Anliegen der formalen Ontologie ist, menschliche Kultur
in möglichst allgemeiner und damit zum Menschen zurückkehrender
Weise zu begreifen, kann ihr nichts daran liegen, a priori einer Men-
schenkultur ein besonderes Vorrecht zuzusprechen. Darüber hinaus
gedeiht auch in der westlichen Kulturen Widerstand gegen den ihnen
innewohnenden „rationalistischen Monismus", wobei ich nur das
Schlagwort Esoterik nennen will. Lange schwelende Konflikte können aber schlagartig ausbrechen, und in solchen Momenten vollziehen sich im allgemeinen weitreichende Weichenstellungen. In einer
solchen Situation ist es durchaus nicht ausgeschlossen, dass das formalontologische Denken eine unerwartet politische Wendung
nimmt.

Anhang: Glossar wichtiger Begriffe des formalontologischen Denkens

fo bedeutet „formalontologisch ";
fO bedeutet „formale(n) Ontologie"

Ähnlichkeit (Ä) wird fo definiert als die ✦ *analogische Gestalten* befördernde ✦*Relation*. Unter Einengung des alltäglichen Begriffes von Ä wird *strenge Ä* definiert als Ä, insoweit die Rolle von ✦*Metahorizont* und ✦*Subhorizont* auch prinzipiell umkehrbar ist.

Analogie (A); analog, analogisch (a): Fünfte ✦*Kategorie* des fo-en Systems. Sein heißt a, insoweit Sein Horizont seiner selbst ist. Insoweit also ✦*Metahorizont* oder ✦*Subhorizont* durch ihr Inbeziehungtreten nicht entfremdet wird, spricht man von A. Denn die ✦*Subsistenz*, die als ✦*Horizont* verwirklicht bzw. eingeschränkt wird, muss nicht identisch mit dem sein, was für eine Seinsheit als subsistent unter Absehung der entsprechenden ✦*Relation* anzunehmen ist.
Wichtige Fälle von Analogie sind: Ahnenrelationen (d.h. die Verwandtschaftsrelation von Vorfahren und Nachkommen), Ähnlichkeit, Selbstähnlichkeit, ✦*Gemeinschaft* (in Abgrenzung von ✦*Gesellschaft*), Authentizität, ✦*Analogie des Objektes*, ✦*Analogie des Handelns*, ✦*Analogie des Subjektes*. Insbesondere soll der Analogiebegriff dazu dienen, allem Geistigen, aber Nichtrationalen der menschlichen ✦*Kultur* wie ✦*Kunst* oder ✦*Religion* gerecht zu werden.

Analogie des Handelns: Im Handeln ist jede Handlung werthafter ✦*Horizont* seiner selbst und damit bereits um ihrer selbst Willen wertvoll.

Analogie des Objektes: Zentraler Begriff zur fo-en Bestimmung von ✦*Kunst*. In auf Einzeldinghaftes abzielender Aneignung, wobei das angeeignete *Objekt* und damit *Subhorizont* des Subjektes ist, ist das Objekt ✦*analogisch*. Somit wird es als *Einmaliges* und *Einzigartiges* angeeignet.

Analogie des Subjektes: Bezeichnet jene *primäre Einheit* des Bewusstseins, in welcher alles dem Subjekt Gegebene nur wieder als aus dem eigenen Bewusstsein geschöpft in Betracht kommt.

Attribution (A) wird fo verstanden als der Oberbegriff für jede Form des Zusprechens eines sprachlichen Zeichens. Geschieht dies mittels einer →*rationalen* →*Relation*, so spricht man von →*Prädikation*. Im Falle einer →*analogischen* Relation spricht man von analogischer A.

Ausschließlichkeit (D) →*Gesellschaft*

Dialektik (D): Die D ist ein grundlegendes Strukturelement der fo-en →*Kategorien*. Komplementäre Begriffspaare einer kategorialen →*Dimension* bringen durch Synthese einen neuen kategorialen Begriff hervor, dem nun seinerseits die entsprechende Antithese als →*komplementäres* Gegenstück zur Seite steht. In diesem Sinne kann →*Metahorizont* als Synthese von →*Subhorizont* und →*Relation*, ebenso →*Analogie* als Synthese von Metahorizont und →*Subhorizont* verstanden werden.

dialogisch (d): →*Relation*. Unterkategorisierung der *Relation*. Eine Relation heißt d, wenn sich zwei →*Metahorizont* auf einander beziehen, dergestalt, dass sie gerade durch diesen Bezug als Metahorizonte zu bezeichnen sind. Als Musterbeispiel gilt der „herrschaftsfreie", ideale Dialog zweier Menschen, der beiden zur *Selbstverwirklichung* dient.

Dimension (D): In voller Analogie zum mathematischen Begriff der D wird er in der formalen Ontologie verstanden als eine kategoriale Bestimmungsgröße, die unabhängig von denen anderer D-en ist. Eine D wird dabei aufgespannt durch zwei komplementarische Begriffe (→*Komplementarität*). Insgesamt gibt es im fo-en System in der dargestellte Form drei Dimensionen.

Ding: Eine irgendwie geartete, als subsistent in Betracht kommende Seinsheit. →*Dinghaftigkeit*.

Dinghaftigkeit (D): Unterkategorie der →*Subsistenz*. D ist der zentrale Begriff des fo Denkens zur Bestimmung von →*Kultur*. Dinghaft ist dabei all das, was für einen oder eine Vielzahl von Menschen als *subsistent* in Betracht kommt. Man kann sagen, dem Begriff D kommt handlungstheoretisch der Status zu, den der Seinsbegriff in der Metaphysik besitzt. Insoweit D von einer Gruppe von Menschen als solche anerkannt wird, spricht man auch von *kultureller D*. →*Kultur* →*Dinghaftigkeit* →*Hochkultur*
Von *letztendlicher* D spricht man, insoweit Dinghaftem zugestanden wird, dass nichts in Betracht kommt, dem größere D zuzusprechen ist. Damit kann für sie letztendlich Dinghaftes nicht als Relation von etwas, noch kann seine Dinghaftigkeit in Bezug auf anderes Dinghafte als eingeschränkt gedacht werden. Diese Unterart der D ist maßgeblich zur Bestimmung von →*Hochkultur*. Eine weitere Unterart ist die →*Sprachhaftigkeit*.

Einschließlichkeit: ✔ *Gemeinschaft*

Einzelwissenschaft wird fo bestimmt als die auf Letztendlichekeit abzielende ✔ *Weltanschauung* des einzeldinglichen, objekthaften Seins, insoweit diese ✔ *Subhorizonte* des Subjektes ✔ *rational* sind. Dabei treten zwischen Subjekt und Objekt die wissenschaftlichen Theorien. ✔ *Dinghaftigkeit* ✔ *Hochkultur*

Entfremdung wird fo bestimmt als jene Überwindung ursprünglicher Fremdheit, welche für ✔ *Rationalität* charakteristisch ist. Wichtige Arten der Entfremdung sind Entfremdung durch die soziale Rolle (✔ *Gesellschaft*) und die Entfremdung durch ✔ *Prädikation*.

Ganze: ✔ *Metahorizont*, insoweit dieser seine ✔ *Subsistenz* allein durch ✔ *Relationen* gewinnt.

Gegenständlichkeit (G): ✔ *Subsistenzkennung*. Unter G. versteht man fo die Eigenschaft von Gegenständen, mit ihnen als einer stofflichen Einheit umgehen zu können. Insoweit ein Gegenstand ein ✔ *Ganzes* ist, kommt sie nur dem Ganzen zu, da die Teile in einer Weise zum Ganzen eingeschränkt sind, dass sie nicht als selbständige Gegenstände gehandhabt werden können.

Gemeinschaft (Gem): Gem ist jene Art von ✔ *Sozialform*, in welcher die ✔ *Subhorizonte* des sozialen Beziehungsganzen ✔ *analog* sind. D.h. sozialer Bezug geschieht in nicht entfremdender Weise und bezieht als solcher die ganze Person des Subjektes ein; insbesondere sind, ohne dass eigens entsprechende Tabus ausgesprochen werden, alle Vollzugsbedürfnisse je nach Enge der sozialen Beziehung eingeschlossen (Einschließlichkeit). Wichtige Beispiele für Gemeinschaft sind: Liebesbeziehung, Familie, Freundschaft, Religions- und Stammesgemeinschaft. So wie gesellschaftlichen Systemen zur ethischen Maßregelung in der Regel eine ✔ *Verfassung*en zu Grunde liegt, so beruhen Gemeinschaften in der Regel auf Mythen (✔ *Mythos*). Zu unterscheiden sind *Geburtsgemeinschaften*, welchen man durch Geburt angehört, wie etwa im Falle der Kinder die Familie, und *Wahlgemeinschaften*, wie etwa die *Ehe*, in welchen sich die Sozialpartner gegenseitig erwählen.

Gesellschaft (Ges): Ges ist jene Art von ✔ *Sozialform*, in welcher die Subhorizonte des sozialen Beziehungsganzen ✔ *rational* sind. D.h. die ✔ *Entfremdung* des sozialen Subjektes ist konstitutiv für diese Sozialform. Damit sind a priori nur jene Vollzugsbedürfnisse in das soziale Geschehen einbezogen, welche ausdrücklich ausgesprochen sind (Ausschließlichkeit). Einzelne gesellschaftliche Sozialformen werden auch gesellschaftliches oder soziales System genannt. Gesellschaftliche Systeme beruhen in der Regel auf einer ✔ *Verfas-*

sung als einer Sammlung von ✒*Normen* welche die gesellschaftlichen Rollen des sozialen Systems sowie deren Beziehungen regeln.

Gestalt (G): Eine G ist eine Seinsheit, insoweit sie ✒*Metahorizont* durch ✒*herrschende* ✒*Relationen* ist. Damit besteht eine G wiederum aus mindestens einem Metahorizont und ✒*Subhorizont.* (✒*duale Gestalt*). G meint also ein Seiendes, insoweit es als durch die ✒*Kategorien* Metahorizont und Subhorizont gegliedert angesehen wird (✒*Gestalttiefe*). Wichtige Unterarten sind ✒*analogische,* ✒*harmonische,* ✒*epische* und ✒*rationale* G.

Gestalt, analogische (aG): Eine aG ist eine ✒*duale Gestalt,* bei denen Meta- und Subhorizont analogisch sind (✒*Analogie*). Damit ist die analogische Gestalt befördernde ✒*Relation* die ✒*Ähnlichkeit.* Im Falle strenger Ähnlichkeit bedeutet dies, dass das Verhältnis von Metahorizont und Subhorizont auch prinzipiell umgekehrt sein könnte.

Gestalt, duale (dG): Eine strengduale Gestalt wird verstanden als ein Paar von ✒*Metahorizont* und ✒*Subhorizont,* insoweit diese Horizonte durch eine ✒*herrschende* ✒*Relation* wiederum Metahorizont ist. Insoweit hierin die herrschende Relation hinreichen beschrieben ist, welche auch zwischen anderen Subhorizonten und dem Metahorizont besteht, spricht man von dG. Dieser Begriff dient insbesondere dazu, wesentliche Strukturen tieferer Gestalten zu erfassen (✒*Gestalttiefe*). Dies ist möglich, wenn nur eine Gattung von herrschenden Relationen die Gestalt prägt, dann gibt die dG gerade ein Modell für das Wirken dieser herrschenden Relation ab.

Gestalt, epische (eG): Eine eG ist eine ✒*duale Gestalt,* bei denen der ✒*Metahorizont* ✒*rational* und der bzw. die ✒*subhorizont* ✒*analogisch* sind. Insbesondere haben es die bildenden Künste und die Dichtung mit eG-en zu tun.

Gestalt, harmonische (hG): Eine hG Gestalt ist eine ✒*duale Gestalt,* bei denen der ✒*Metahorizont* wieder als ✒*Subhorizont* ✒*rational* sind. Insbesondere haben es die gestaltenden Künste (Architektur, etc.) und die Musik mit hG-en zu tun.

Gestalt, rationale (rG): Eine rG ist eine ✒*duale Gestalt,* bei der ✒*Metahorizonte* wieder als ✒*Subhorizonte* ✒*rational* sind. Prototyp zu einer solchen Gestalt ist die *Maschine,* betrachtet auf einer Abstraktionsebene.

Gestalttiefe (Gt): Die Gt ist das Maß dafür, wie oft ✒*Metahorizonte* wieder als ✒*Subhorizonte* genommen werden müssen, um eine ✒*Gestalt* zu erfassen. In diesem Sinne spricht man von vergleichsweise *tiefen* und *flachen* Gestalten. ✒*Duale Gestalten* sind demnach die flachsten Gestalten. Am Beispiel von Herrschaftsgestalten wäre eine solche durch das Verhältnis von Herren zu Diener gegeben. Stark aufgegliederte Hierarchien mit vielen Befehlsebenen, wie etwa beim Militär, sind demgegenüber vergleichsweise *tiefe* Gestalten.

herrschend: ✒ *Relation*. Unterkategorisierung der Relation. Eine Relation heißt *herrschend*, wenn sich ✒ *Metahorizont* und ✒ *Subhorizont* auf einander beziehen, derart, dass sie durch diesen Bezug als solche zu bezeichnen sind. Namensgebend ist hierbei das Verhältnis von Herrschendem und Beherrschtem.

Hochkultur (H) wird fo verstanden als Weltaneignung letztendlicher, kultureller ✒ *Dinghaftigkeit*. (✒ *Kultur*, ✒ *Dinghaftigkeit letztendliche*). H entspricht in etwa dem alltäglichen Gebrauch von ✒ *Kultur* und meint das, was beispielhaft in *Wissenschaft*, ✒ *Kunst* und ✒ *Religion* verwirklicht ist.

Horizont bezeichnet ein subsistent Seiendes, insoweit es in Beziehung steht. Als solches kann man darunter zunächst alles das verstehen, was unter der zweiten kategorialen ✒ *Dimemnsion* in Betracht kommt. Demnach bezeichnet es Seiendes, insoweit es ✒ *metahorizontal* oder ✒ *subhorizontal* ist. Dieser Begriff ist wichtig für die Formulierung der dritten kategorialen ✒ *Dimension*.

Kategorien (K): Begriffe, die eine erste Ausfaltung dessen liefern, was Sein ausmacht bzw. ausmachen kann. Systematisch sind die fo K Grundlage des fo Denkens. Es werden dabei sechs K entfaltet: (I) ✒ *Subsistenz*, (II) ✒ *Relation*, (III) ✒ *Metahorizont(al)*, (IV) ✒ *Subhorizont(al)*, (V) ✒ *Analog(ie)* (VI) ✒ *Rationalität*. Es handelt sich bei ihnen im Rahmen des fo-en Formalismus zunächst um K des ontologisch Möglichen, insbesondere des Denkmöglichen.

kategoriale Basis: Bezeichnung für die ersten beiden ✒ *Kategorien* des fo-en Systems, welche durch die Begriffe ✒ *Subsistenz* und ✒ *Relation* gebildet werden.

Komplementarität; komplementär (k): Begriffe, die beide zur Beschreibung eines Gegebenen notwendig sind, die sich aber zunächst als einander ausschließend erweisen, nennt man k. In der fO findet dieser Widerspruch darin seine Aufhebung, dass nach dem dialektischen Prinzip (✒ *Dialektik*) es zur Synthese k-er Begriffe kommt, welche so eine neue kategoriale ✒ *Dimension* eröffnen.

Kultur Vom Begriff der ✒ *Dinghaftigkeit* ausgehend wird im fo Denken K bestimmt als alles die menschlichen Fähigkeiten Betreffende, insoweit es sich für eine gewisse Vielzahl von Menschen als dinghaft erweist. Kultur wird verstanden als ✒ *Weltanschauung*, wobei dies zwei Aspekte beinhaltet: Der Mensch bildet in der Kultur Welt ab, er bildet sich aber auch in der Kultur seine eigene Welt, indem er im weitesten Sinne produktiv oder kreativ tätig ist. Zu unterscheiden sind ferner ✦*Kultur des Dinghaften* und ✦*Sozialkultur*.

Kultur des Dinghaften bezeichnet all jene Kultur, die sich unmittelbar um ✦*Dinghaftigkeit* bemüht.

Kulturdisziplin ist eine Sparte kultureller Tätigkeit, die über mehrere kulturgeschichtliche Epochen hinweg verfolgt werden kann. Beispiele sind ✦*Philosophie*, ✦*Kunst* und ✦*Religion* etc. Dieser Begriff lässt auch einen hierarchischen Gebrauch zu, indem von Oberdisziplinen (wie z.b. Philosophie) und Unterdisziplinen (wie z.b. Metaphysik) gesprochen wird.

Kunst wird fo bestimmt als die Weltaneignung analogischer Objekte letztendlicher ✦*Dinghaftigkeit*. Neben diesem rationalen Begriff von K lässt sich K noch über eine ✦*Signatur* bestimmen, indem man etwa sagt, K sei das, worum es in Galerien ginge, bei dem es so etwas wie Vernissagen gibt, etc. ✦*Hochkultur*.

Lebenspraxis oder Lebensvollzug ist Bezug des Subjektes auf das für es Dinghafte (✦*Dinghaftigkeit*). Für die Frage nach dem Wesen einer individuellen Lebenspraxis ist also die Frage danach, was dinghaft bzw. letztendlich dinghaft für das Subjekt ist, von entscheidender Bedeutung.

Lebensvollzug ✦*Lebenspraxis*

Metahorizont (M); metahorizontal (m): Dritte ✦*Kategorie* des foen Systems. Sein heißt m, insoweit ✦*Subsistenz* durch ✦*Relationalität* gewonnen wird. Sie bezeichnet im gewissen Sinne ontologisch Übergeordnetes. Bezeichnet man subsistentes Sein als m so spricht man auch von M-en. Insofern ist sie zunächst Kategorie alles „Geistigen", da es dem Wesen des Geistes entspricht, sich auf sich selbst zu beziehen. Dennoch übersteigt die Kategorie M diese enge, Metaphysische Interpretation bei weitem, und wird als Kategorie dessen, was im weitesten Sinne der *Selbstverwirklichung* fähig ist, zu einem formalen Begriff allgemeiner „Überordnung". Als solche sind etwa Oberbegriffe gegenüber Unterbegriffen, Aussagen gegenüber referenzierten Seinsheiten, Herrscher gegenüber Beherrschtem, das Ganze gegenüber dem Teil als m ausgewiesen.

Mythos wird fo verstanden als eine Erzählung, welche ✦*Gemeinschaft* begründet. In Mythen verschlüsselt finden sich ✦*Werte*, welche in der entsprechenden Gemeinschaft Gültigkeit besitzen. Das Zusprechen entsprechender wertender Attribute geschieht mittels ✦*analogischen* ✦*Attribution*.

Norm ist ein ✦*Wert*, dessen Geltung durch ✦*Prädikation* zustande kommt. In diesem Sinne sind Normen ✦*rational*.

Paradigma wird fo bestimmt als ein ✔*Wert*, der durch strenge
✔*Ähnlichkeit* zur Geltung kommt. In diesem Sinne sind Paradigmen
analog.

Philosophie wird fo bestimmt als die Weltaneignung letztendlich
dinghafter ✔*Metahorizonte*, insoweit dies durch das Subjekt in ✔*rationaler* Weise vollzogen wird ✔*Hochkultur*.

physisch (p): ✔*Relation*. Unterkategorisierung der Relation. Eine
Relation heißt p, wenn sich zwei ✔*Subhorizonte* auf einander beziehen, derart, dass sie durch diesen Bezug als Subhorizonte zu bezeichnen sind. Dabei ist an die Beziehungen der stofflichen Elementaritäten ebenso zu denken, wie etwa an das Verhältnis zweier obsessiv
Liebenden.

Prädikation ✔Attribution

Rationalität (R); rational (r): Sechste ✔*Kategorien* des fo-en Systems und komplementärer Partner der ✔*Analogie* (✔*Komplementarität*). Sein heißt r, insoweit Sein als Horizont entfremdet ist (✔*Entfremdung*). Insoweit also ✔Metahorizont oder ✔Subhorizont durch
ihr Inbeziehungtreten entfremdet wird, spricht man von R.
Damit erhalten ✔*rationale Gestalten* immer ein „schichtartiges" Gepräge. Am Beispiel einer Maschine wird dies deutlich, da die ✔*Teile*
für das ✔*Ganzes* nicht mehr sind als *Module*, die bestimmte Eigenschaften tragen. Rationale Strukturen sind also in besonderer Weise
dem abstrahierenden Denken zugänglich, in welchem Sinne auch ein
Begriff von r Denken entworfen wird.

Relation (R): Zweite ✔*Kategorie* des fo-en Systems. Sie bezeichnet
Seiendes, insoweit es abhängig ist. Als solches muss ihm dennoch ein
Mindestmaß an ✔*Subsistenz* zugesprochen werden. R meint aber gerade den Aspekt des Seienden, in welchem es sich als abhängig von
anderem Seienden erweist. Dabei ist an R-en wie die Ortsrelation
zweier Gegenstände ebenso zu denken wie an mitmenschliche Beziehungen.
R-en lassen sich nach der Zahl der beteiligten Subsistenzien unterscheiden, und man spricht von einstelligen, zweistelligen und mehrstelligen R-en.
Bei der Unterkategorisierung ist zu beachten, dass man streng genommen die Reihenfolge der Subsistenzien zu unterscheiden hat,
auch wenn dies in der Praxis oft nicht wichtig ist. Im Falle der zweigliedrigen Relationen bedeutet dies, dass man zwischen Relation von
A und B und Relation von B und A zu unterscheiden hat. Deswegen
sind auch die Unterkategorien ✔*dialogische*, ✔*herrschende* und ✔*materielle* R (1) im Grunde genommen zu verstehen als *Paare* von Rela-

tionen, womit auch dem Anspruch der ↗*Dimensionalität* Rechnung getragen ist. Denn so ergeben sich die Kategorien der ↗*zweiten Vermittlung* tatsächlich als von den Kategorien Subsistenz und R unabhängige Bestimmungen, was bei der Unterkategorisierung (1) nicht gegeben ist.

Religion wird fo bestimmt als die Weltaneignung letztendlich dinghafter ↗*Metahorizonte*, insoweit dies durch das Subjekt in ↗*analogischer* Weise vollzogen wird. ↗*Hochkultur*

Sinn ist ein ↗*Wert*, insoweit er um seiner selbst willen angestrebt wird. Bezogen auf ihm untergeordnete ↗*Zwecke* ist ↗*Metahorizont*.

Signatur (S): Unter einer S versteht man die Gesamtheit der Zeichen für ein bestimmtes Attribut (↗*Attribution*).

Sozialform (S) ist der Oberbegriff für jede Art der sozialer Gruppenbildung. Die wichtigsten S-en sind ↗*Gemeinschaft* und ↗*Gesellschaft*. S lassen sich wohl in der Regel als duale Gestalten Begreifen. ↗*Gestalt, duale*

Sozialkultur (S): S ist all diejenige Kultur, welche unmittelbar dem Zusammenleben der Menschen in ↗*Gemeinschaft* dient. Dies umfasst insbesondere die soziale, gesellschaftliche, wirtschaftliche, rechtliche und politische Ordnung der Gesellschaft.

Sprachhaftigkeit (S): S ist Dinghaftigkeit, insoweit diese durch Sprachgebrauch zustande kommt.

Subhorizont (S), subhorizontal (s): Vierte ↗*Kategorie* des fo-en Systems. Sein heißt s, insoweit ↗*Subsistenz* durch ↗*Relationen* eingeschränkt wird. Sie bezeichnet im gewissen Sinne ontologisch Untergeordnetes. Als beispielhafte Verwirklichung des s-en Prinzips kann die stoffliche Materie verstanden werden, da ihre Elementaritäten sich durch Orts- und Kraftrelationen gegenseitig in ihrer Subsistenz einschränken. Darüber hinausgehend kann allgemein „Untergeordnetes" als s. bezeichnet werden, also etwa Unterbegriffe gegenüber Oberbegriffen, referenzierte Seinheiten gegenüber Aussagen, Beherrschtem gegenüber Herrschendem, die Teile gegenüber dem Ganzen.

Subsistenz (S): Erste ↗*Kategorie* des fo-en Systems. Sie bezeichnet Seiendes, insoweit es selbständig ist. Dies kann zeitliche Beständigkeit, Wirkmächtigkeit o. Einschließen, insbesondere auch das Moment der Möglichkeit, da diese sich gegenüber der Entfaltung derselben als subsistent erweist. Zur Unterkategorisierung der S in der fortschreitenden Begriffsentwicklung verwendet man ↗*Subsistenzkennung*. Entstehungsgeschichtlich spielte der Monadenbegriff von Leibniz eine gewisse Rolle.

Subsistenzkennung (S): Bei Kennzeichnung eines ✒*Horizontes* verwendete Angabe dessen, was in der Definition des entsprechenden Horizontes unter ✒*subsistent* zu verstehen ist. Damit geben S-en also zugleich Unterkategorien der ✒*Subsistenz*kategorie an. Wichtige Subsistenzkennungen sind ✒*Dinghaftigkeit* und ✒*Gegenständlichkeit*. S-en treten stets dann auf, wenn man es mit ✒*Rationalität* zu tun hat. In diesem Sinne kann man S auch als *Eigenschaften* interpretieren.

Substanz wird fo definiert als absolut subsistenter, also vollkommen beständiger und unveränderlicher Grund des Seins. Als solche ist sie eine Unterordnung der Kategorie ✒*Subsistenz*.

Substrat (S): Beständige Grundlage für etwas, ohne aber gänzlich subsistent zu sein. In diesem Sinne könnte man von der Sprache als von dem S der Kultur sprechen, da ohne Sprache keine Verständigung möglich wäre, die ein gewisses Maß an beständiger geistiger Ordnung zu schaffen vermag. S wird fo. als Unterordnung der Kategorie ✒*Subsistenz* verstanden.

System: Begriffe, die in einem notwendigen Bezug zueinander stehen, und nach einem einheitlichen und als notwendig verstandenen Prinzip auseinander entwickelt werden. In diesem Sinne bilden die formalontologischen ✒*Kategorien* ein System.

Teil: von einem ✒*Ganzen* beherrschter Subhorizont ✒*Kategorien* Relation.

Verfassung wird fo verstanden als eine Sammlung von ✒*Normen*, welche zur ethischen Maßregelung in gesellschaftlichen Systemen dient (✒*Gesellschaft*). Sie schreiben dem sozialen Subjekt eine bestimmte Rolle zu. Damit wird das soziale Subjekt zum Eigenschaftsträger und ist als solcher entfremdet. Darüber hinaus sind durch die V die Beziehungen (✒*Relation*) der sozialen Eigenschaftsträger geregelt.

Vermittlung, erste und zweite (eV, zV): Unter den Kategorien der eV sind die Kategorien (III) und (IV) der zweiten kategorialen ✒*Dimension*, ✒*metahorizontal* und ✒*subhorizontal* zu verstehen. Entsprechend unter den Kategorien der zV (V) ✒*Analogie* und (VI) ✒*Rationalität*.

Vermögen (V): Die einer Seinsheit innewohnenden Möglichkeiten. Damit bezeichnet V eine ✒*Subsistenzkennung*.

Vollständigkeit (V): Tritt in der fO in mehrfacher Hinsicht auf. Zum einen wird bei ihrer ersten, heuristischen Grundlegung der „Verlust der V" als zentrale Grunderfahrung der Moderne herausgestellt. Demgegenüber wird von jeder kategorialen Dimension des Systems V bezüglich der je eigenen Hinsicht behauptet.

Weltanschauung (W) bezeichnet letztendlich Dinghaftes, insoweit diesem durch das handelnde Subjekt zugestanden wird, sich in Handeln zu verwirklichen. Damit wird i.n W aus letztendlich Dinghaftem letztendlicher ✔*Metahorizont* des Handelns. ✔*Dinghaftigkeit*, ✔*Wert*

Weltbild ist die geistige Repräsentation, was für einen Einzelnen oder eine Gruppe von Menschen letztendlich dinghaft ist. ✔*Dinghaftigkeit*

Weltaneignung wird verstanden als der Inbegriff all der personalen Akte, die sich auf kulturelle ✔*Dinghaftigkeit* beziehen.

Wert ist zu verstehen als etwas Dinghaftes (✔*Dinghaftigkeit*), dem zugebilligt wird, sich ich Handeln des Menschen zu verwirklichen. Fo wird der Wert unterschieden nach den Unterarten ✔*Norm* und ✔*Paradimga* bzw. ✔*Sinn* und ✔*Zweck*.

Wesen wird fo definiert als eine das subsistente Sein einer Seinsheit (Entität) erschöpfende wissenschaftliche, d.h. begrifflich definitorische Beschreibung.

Zweck ist ein ✔*Wert*, der um anderer Werte willen Wert ist.